NPO HG ブックレットシリーズ –共に育つ– ②

# カンボジアに体育教育がはじまった

—ハート・オブ・ゴールド 20 年を超えて行け！—

特定非営利活動法人
ハート・オブ・ゴールド（HEARTS OF GOLD）

contents

# カンボジアに体育教育がはじまった
## ―ハート・オブ・ゴールド20年を超えて行け！―

NPO HG ブックレットシリーズ ―共に育つ― ②

Preface


00 ハート・オブ・ゴールド（*HG*）20年のあゆみ
01 ハート・オブ・ゴールド20年を超えて ―スポーツを通じた国際協力―
03 体育科教育を通してカンボジアの発展を
05 ハート・オブ・ゴールドの大きな足跡に思う


chapter 1 **始まりはチャリティーマラソン**


07 井戸を掘った人 ―アンコールワット国際ハーフマラソンの誕生―
09 ボランティアに支えられてスタート
11 スポーツが政治対立を変えた ―カンボジアの復興を世界にアピール―
13 マラソン現地化までの軌跡
15 *Come on!*―日本とカンボジアの友情のシンボル―
17 点を線に、線を面に―活動が現地に受け継がれるために―


chapter 2 **小学校で体育授業が始まる**


19 学校体育・スポーツ局の誕生
21 カンボジア王国体育科教育の夜明け
23 小学校体育科教育の目標
25 困難を乗り越えて、新しい体育の歴史を作りたかった
27 新しい体育で子どもが変わった
29 カンボジア体育科教育を岡山から支えて
31 カンボジアの新しい体育誕生への期待
33 「ハレの日＝*PE Festival*」は カンボジアの学校体育に寄与するのか？
35 少しずつでも はじめなきゃ！―小学生の国際協力―
37 小学校・中学校・高等学校・大学 体育科教育普及支援活動マップ
38 ワッティー誕生秘話
39 自立を始めた 小学校体育科教育


chapter 3 **小学校から中学校、高等学校に**


41 ハート・オブ・ゴールドの体育事業の価値
42 *SPORT FOR TOMORROW* ―新しい体育による両国の架け橋―
43 中学校にも広がる新しい体育

45 わかりやすい指導書を―補助教材の作成―
47 「スポーツ」から子どものための「体育」へ
48 *JICA* 海外協力隊との効果的な連携
49 新しい体育によって始まった創意工夫と努力
50 教師の責任―ワークショップで学んだこと―
51 子ども達に笑顔をありがとう―高等学校学習指導要領―
53 利用される　学習指導要領・指導書
―小学校から高等学校まで―

chapter 4 **四年制体育大学開校**

55 カンボジアの体育・スポーツの発展
57 NIPESの四年制大学改革
―新しい体育科教育の担い手の育成―
59 カンボジア初の四年制体育大学
61 スイミングプール建設
63 二十一世紀の子ども達に教える事
―態度、知識、技能、協調性―
64 体育で世界とつながる―国際センター構想―
65 世界に開かれたグローバルな体育大学をめざして

chapter 5 **これからの体育の可能性**

67 カンボジア体育の未来

その他の活動

69 ハート・オブ・ゴールドの活動概要
71 障がい者に「希望と勇気」を
73 NCC事業―*New Child Care Center*―
75 日本語教育事業
76 日本国内被災地支援事業―協力団体とともに―
77 国際理解教育―心を育む教育―
78 ランナーズエイド／国内イベント
78 ハート・オブ・ゴールドとともに
79 会員・理事・顧問・スタッフ動向
81 むすび
82 編集後記

み

● 中高体育科教員養成大学支援事業

システム構築・人材育成・施設整備

● 第三回パラ陸上競技会

● 第二回パラ陸上競技会

●（中）指導書作成

●（高）学習指導要領・指導書作成開始

● 高校体育科教育支援事業

● 第一回パラ陸上競技会

●（中）学習指導要領作成

● 中学校体育科教育支援事業

● 小学校体育科教育後方支援

● 十五州に普及拡大

● 運動会普及事業開始

● 第十八回AWHMカンボジアオリンピック委員会移譲

第一回は六百四十五人、十六カ国の参加でしたが、二〇一九年には一万二千人以上、八十五カ国の参加となり、世界中から愛される大会となっています。HGは二〇一三年第十八回大会でカンボジアオリンピック委員会に移譲しました。有森代表は名誉会長としてツアーの皆様と参加し、継続して応援しています。

● 体育科教育モデル校認定

● 五州に普及

● ナショナルトレーナー認定

2008 2009 2010 2011 2012 2013 2014 2015 2016 2017 2018 2019 2020

認定NPO法人取得

● うんてい設置（NCCC）

● 台風十五・十九号支援活動

● 大規模改修工事（NCCC）

● HGももたろう日本語学校開校

● 西日本豪雨支援活動

● 健康手帳作成（チェイ小）

● 熊本地震支援活動

● 青少年日本語講座

日本語検定を目指して
・日本に留学・働きに行きたい人
・現地で日本語を使って働く

● むし歯検診（チェイ小）

● 門・塀設置（NCCC）

● 管理棟増設（NCCC）

● 歯科事業開始

● 多目的ホール・食堂改築（NCCC）

● 東日本大震災支援活動

● シャワー・トイレ棟建築（NCCC）

● 女子棟建築（NCCC）

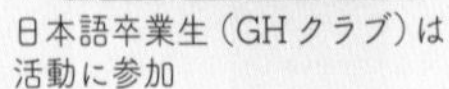

日本語卒業生（GHクラブ）は活動に参加

チェイ小学校全員に歯科検診＆むし歯予防教室実施

# ハート・オブ・ゴールド（HG）20年の

スポーツを通した開発

- 1996 第一回アンコールワット国際ハーフマラソン（AWHM）開始
- 1997 障がい者支援事業

スポーツで元気に

- 2000 第一回青少年レクリエーションスポーツ祭
- 2001 東ティモールスポーツ復興事業
- 2001 第二回YLTSシェムリアップで開催
- 2003 第三回YLTSプノンペンで開催
- 2004 第四回YLTSコンポンチャムで開催
- 2005 第五回YLTSスバイリエンで開催
- 2006 小学校体育科教育支援事業
- 2006 （小）学習指導要領作成
- 2007 （小）指導書作成

第3回から青少年・指導者育成スポーツ祭（教育省認定）として継続

1996 1997 1998 1999 2000 2001 2002 2003 2004 2005 2006 2007

HG設立（1998）　NPO法人取得（2001）　東南アジア事務所開設（2004）　カンボジアNGO登録（2005）

子どもの自立支援

- 1996 カンボジアツアー開始　毎年実施
- 1999 日本語教育事業開始
- 1999 日本語教室開校（チェイ小）
- 2000 チャイルド・ケアセンター里親制度開始（バッタンバン）
- 2002 日本語教室建築（チェイ小）
- 2003 チャイルド・ケアセンター移転開始（シェムリアップ）
- 2007 留学開始（岡山学芸館高校）
- 2007 男子棟建築（NCCC）

日本語教室（2001年新築、2013年改築）

AWHM
YLTS
体育科教育
歯科検診（保健）
日本語教育
NCCC

# ハート・オブ・ゴールド20年を超えて

## ―スポーツを通じた国際協力―

有森 裕子 ***ARIMORI Yuko***
ハート・オブ・ゴールド 代表理事

一九九六年アトランタオリンピック直後、内戦を終え平和を迎えたカンボジアで、地雷廃絶と被害者支援を目的としたチャリティーマラソンを開催するので、走ってほしいと声をかけられました。それが、第一回アンコールワット国際ハーフマラソン（*AWHM*）でした。私自身、応援され、支えられてきた人間として、「走ること」を通して社会の役に立てることをうれしく感じました。一九九八年に組織として多くの人達とともに、国際貢的に、そして社会的に支援活動を続けることが重要だと考え、スポーツ、教育を軸としたハート・オブ・ゴールド（*HG*）を立ち上げました。

途上国において初めての*AIMS*※認定チャリティーマラソンである*AWHM*が、世界から認知され、地雷被害者を支援し大会を通して、最終的にカンボジアの人々に生きる力を生むことを目的に進めました。十六カ国、参加者六百四十五人で始まった大会が、二〇一九年には、八十五カ国、一万二千人以上が参加し、世界中から愛されるマラソンとなりました。そして、この大会から、障がい者、子ども、支援を必要とする多くの人々に、ランナーの心が今も届けられています。

マラソン大会開催と共に、『他のスポーツもぜひ指導してほしい』と現地から強い要望を受け、青少年レクリエーションスポーツ祭を開催。翌年から、現地で指導できる人材育成も兼ねて、青少年・指導者育成スポーツ祭を二〇〇五年まで進めました。日本から、指導者育成を多くのオリンピアンに手伝っていただきました。

二〇〇六年からは、いよいよカンボジア小学校体育科教育支援が始まりました。二十年前は、スポーツを通じた開発は日本では関心が低かったが、スポーツ・体育科教育の大切さを確信していた私達は、迷うことなくこの道を進みました。そして、中学校体育科教育支援に移り、二〇一九年からは、カンボジアで初めての四年制体育大学開校に向けての活動が始まりました。

二十年の間には困難なことも多くありましたが、毎回問題と向き合って、とことん話し合い、コミュニケーションを大事に決して諦めないで続けたことが、人を変え、自分をも変えていったように思います。

人も、世界も変わります。継続は力なり。すべては私自身にとっても力となり、喜びとなっています。

活動を共にしてくださった方々、ご理解、ご支援してくださった多くの皆様に感謝し、*HG*のスポーツを通じた二十年間の開発事業の一端をお知らせできることに喜びを感じています。

※ *AIMS*（国際マラソン・ディスタンスレース協会）は、百二十以上の国と地域にわたる四百五十を超える世界的な長距離レースで構成される会員制組織。長距離レースを世界中に広めると共に情報や知識の交換・共有を目的としている。

# 体育科教育を通して カンボジアの発展を

オク・セティチエット *OUK Sethycheat*
教育・青年・スポーツ省スポーツ総局　局長

*JICA*草の根技術協力事業での教育・青年・スポーツ省とハート・オブ・ゴールド（*HG*）の中学校体育科指導書作成プロジェクトは、二〇一六年十二月二十一日に協定書が署名され、三年九カ月の間事業が実施されてきました。プロジェクトは期限通りに終了し、予定通りの期待されたすばらしい結果を達成することができました。

私達は、二〇〇六年より始めた小学校体育科教育振興事業に続いて、中学校体育科教育の改革を成し遂げたことを、大変誇りに思います。中学校体育科の指導書を基に十二名のナショナル・トレーナーが必ずカンボジア全国の体育科教育の発展を築いていくことを信じています。

私は、全ての小・中・高等学校の新しい体育の導入が、カンボジアの教育現場に重要な働きをし、将来社会を発展させる人材が育っていくことを確信しています。体育科教育が「知識、技能、態度、協調性」を育てる目標を掲げており、これらによってよい人材が育つことは、カンボジア王国の特筆すべき点である。二〇三〇年までに低所得国から中所得国の経済へと加速することができ、二〇五〇年までに先進国に発展させることにつながると思っています。

最後に、全てが破壊された教育現場から、カンボジアの復興支援に協力くださった日本の皆さま―日本政府、特に*HG*、そして*JICA*、日本の専門家の方々―とこの改革に携わった素晴らしいスタッフの皆さまに深く、心より感謝申し上げます。どうもありがとうございます。

# ハート・オブ・ゴールドの大きな足跡に思う

小川郷太郎　*OGAWA Gotaro*
アスジャ・インターナショナル日本国理事
ハート・オブ・ゴールド　名誉顧問
(元) 在カンボジア日本国大使

ハート・オブ・ゴールド（*HG*）との出会いは、私がカンボジアに赴任した翌日の二〇〇〇年十二月はじめのアンコールワット国際ハーフマラソンであった。走るのが好きでとにかく参加させてもらったが、様子がわからない大会で油断して水分補給もせず走ったため脱水症に陥った苦い思い出が鮮明に残っている。大会後、有森代表とお話して、有森氏のこのチャリティー事業にかける真摯な情熱に深く打たれた。爾来、ずっと*HG*の活動を見つめてきたが、二十二年にわたる継続的な活動の拡がりには強い感銘を覚える。

当初は長い内戦後のカンボジアの子ども達にスポーツの楽しさを味わってもらおうと始めた事業が、次第に小学校、中学校、そして高校から大学までの体育の指導書作りや制度構築への支援、さらには貧しい子どもの自立支援や日本留学にまで発展している。その一貫した活動には、柔道創始者であり「日本の体育の父」と

も呼ばれる嘉納治五郎師範が大日本体育協会を設立した理念（体育を通じた人間教育）と相通ずるものがあると思う。

その着実な発展の歩みの背景には、正しい理念とそれを推進する*HG*の皆さまの一体となった真摯な情熱、そして、カンボジアの人々への人間的な優しさを感じる。二〇一九年、国際交流基金から地球市民賞を受賞したのも、むべなるかなである。今後も努力を継続され、「自他共栄」に向かって一層貢献されることを確信してやまない。

## ハート・オブ・ゴールド　―名前の由来―

世界的ランナーの一人であるローレン・モラー氏※が、一九九六年からカンボジアの地雷被害者救済の活動を行う有森裕子の姿を見て感動し、「有森裕子こそ〝心の金メダリスト〟」、「誰でもが、それを求めようとする心さえあれば〝心の金メダル〟を持つことが可能」と語った。その言葉から、心の金メダルを目指す人達の集まりでありたいと願い、「ハート・オブ・ゴールド」と名付けた。

※　ニュージーランド出身。バルセロナ五輪銅メダリストであり、オリンピックに連続4回出場。ハート・オブ・ゴールド設立時の副代表。

# 始まりはチャリティーマラソン

# 井戸を掘った人

## ―アンコールワット国際ハーフマラソンの誕生―

結城　肇　*YUKI Hajime*
（元）日本国際ロードランナーズクラブ（JIRRC）代表

大阪の報道関係の会社で四十数年働いたが、前半はスポーツ記者、後半はスポーツ・文化事業の企画運営の仕事をした。内戦が終わって、平和が訪れるはずであったカンボジア。ところが「地雷に浮かぶ島」と呼ばれるほど多くの地雷被害者をだし、子どもや農民が犠牲となっていった。彼らを何とか支援できないか。その想いで始まった。

「水を飲むとき、井戸を掘った人を忘れてはならぬ」という中国のことわざがある。AWHMにも、多くの〝井戸掘り〟がいた。義肢を作る国際的な医療団体にいた高光幸子氏もその一人。彼女がカンボジアを旅行中日本のチャリティーレースの話をした際、同国の関係者から「わが国でもそうした大会を作ってほしい」と要請を受けたことが始まりで、芦屋、尼崎、西宮、神戸のユニセフカップの参加料の一部を積み立てることになった。他に、岐阜の高齢者スポーツのリーダー故後藤義夫氏、バルセロナ五輪の銅メダリストで、ニュージーランドのローレン・モラー氏（のちの有森裕子氏が立ち上げたNGO／ハート・オブ・ゴールドの名付け親）、何よりもゲストランナーとしてふさわしいと感じて、参加を促したのが、バルセロナ・アトランタオリンピックのメダリスト有森裕子氏である。

世界の主要なランニング大会の運営責任者が集まった*AIMS*（国際マラソン・ロードレース協会）の総会（マカオ会談）に、カンボジアの政府代表の出席が実現し、アンコールワット遺跡でのチャリティーマラソン大会の意義を訴えた。感動の渦を起こし、ここで国際協力が約束された。翌日から骨身を惜しまない仲間と、東西の理解者、後援者を求めて駆けずり回った。成るか成らぬか。すべて「積小為大」だ。時間との競争がスタートした。

一九九六年暮れ。ついに東南アジアで初めて人道援助を願うランニング大会が実現した。日本の市民マラソンで積み立てた浄財が運営資金。趣旨に賛同した阪神間の陸協役員やボランティア仲間、そして多くの草の根ランナーが海を渡った。その参加料約百万円が、対人地雷の被害者を救う義肢作りの寄付金として贈られた。

大会創設時の恩人の一人は、元衆議院議長や外務大臣を歴任した故桜内義雄氏。スポーツ議員連盟会長でもあった。ある時、カンボジアでチャリティーレース開催の話をしたとき、会長は「私はカンボジア議連の会長でもある。協力するよ」。自ら現地に飛ぶ決意をし、日本陸連、アジア陸連の協力を取り付けた。カンボジア側は、最大の経済援助国の大物政治家の参加とあって、皇太子が大会に出席した。

また、スポーツ用品メーカー、アシックスの創業者・故鬼塚喜八郎氏は、熱いハートの経営者で、発展途上国にスポーツ用品を送って支援を続けていた。また、人道援助団体の会長としてカンボジアに現地事務所を置いていた。おかげで、アンコールワットの大会は、同国での役員集めや資材調達、相互の連絡など様々な運営面で助けられた。鬼塚会長は現地にも行き、大会を祝福した。

一九九七年大会二年目。カンボジアの治安が悪化し、渡航も危険視された。政権を追われたポルポトの残党テロ活動。不安定な国内政治。レースの継続が危ぶまれた。ところが夏になって、情勢が好転した。*ICBL*（地雷禁止国際キャンペーン）という団体に、ノーベル平和賞が贈られ、大きな話題になったのだ。また当日は対立する二人の首相（フンセン首相とウンフォト首相）を大会現場に迎えることができた。警察、軍が動いた。地雷探知機を手に、兵士が会場周辺を調べ、走路外の十キロ四方には人目につかないよう戦車が配備された。これで安全な大会が約束された。幸い、「人道援助の灯を消すな」と、一九九七年の大会にも世界から多くのランナーが参加した。

大会の創設から三年目。土台は出来た。もう井戸から水は涌いている！水をやり、花を咲かせ、実を育てるのは、もっと自由で可能性をもった人達の仕事だ。私は身を引き、あとを、【心の金メダル】を求める有森裕子氏と、ハート・オブ・ゴールドの仲間に託した。

# ボランティアに支えられてスタート

谷　達也　*TANI Tatsuya*
産経新聞社サンケイスポーツ

アンコールワット国際ハーフマラソンの開催は、通称〝マカオ会談〟後にカンボジア政府から協力要請があった。内戦が終わり、平和が訪れた象徴としてマラソン大会を開催することは政府にとっても大きな意味があったのだろう。サンケイスポーツ大阪本社では、二年前に文民警察官の高田警部補が現地で殉職された経緯もあり、社内で参画するかどうか討議が重ねられたが、安全性も含め現地調査を行って判断することにした。事前調査では、ラナリット首相の甥という軍人のジープに乗り、両脇を銃で武装されながらドクロ看板が乱立するアンコールワット遺跡群周回コースの安全確認と道路状況を入念に調査。現場責任者で私達のボスだったサンケイスポーツの結城肇氏が安全と判断し参画を決断した。

大会運営は、日本からは尼崎陸上競技連盟（陸競）の柴田洋氏と神戸陸協の故西川公明氏、岐阜走ろう会の故後藤義夫氏、ドラゴンボート協会の山岸夫妻、英会話学校に勤務しランナーでもあった菖蒲誠氏等多くの方が快く引き受けてくれた。マーケットで板を購入し、距離看板や受付看板をペンキで塗り、戦車で傷んだ橋は蟻塚の土を入れて補強、会合での同時通訳や司会を菖蒲氏がこなしてくれた。そして、日本から持参した大量のテントでテント村の設営を開始。膨大な量と不慣れから二―三張り建てるだけでどんどん時間が経ち体力が消耗していった。ほこりだらけになっている私達の姿を珍しそうにのぞき込む現地の人達。それが救いの神へと変わった。十数人が設営に協力、みんなの力でテント村を完成したのは夕方のことだった。大会前日、選手受付は地元五輪委員会とカンボジア陸上競技連盟（*KAAF*）が担当したが、約束の午前十時にも午後になってもいっこうにだれも現れない。やってきたのは、午後四時過ぎ。ゆったりした「カンボジアタイム」の国民性と几帳面な日本人との違いにも驚かされた。しかし何より、現地には、通称ミスター・ホンという三十五歳くらいの「なんでも屋」の頼りになる男がいてくれた。宿泊ホテルの前に毎朝五時に車で待機、深夜まですべての要望に応え、カラー

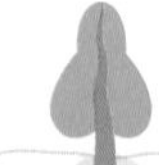

コーン配置、机や距離看板の設置、マラソンゲートの製作、ランナーのバナナや水まで揃えてくれてすべての準備が整った。

一九九六年十二月二十二日午前六時、天候曇り。国内外十四カ国から参加した六百六十一名のランナーが号砲とともにアンコールワット寺院の正面から一斉にスタートした。第一回大会はまさに地元カンボジア人と日本人が協力し合って成し遂げた〝ボランティア精神〟の賜物だった。

# スポーツが政治対立を変えた
## ―カンボジアの復興を世界にアピール―

プラム・ブンジー　*PRUM Bunyi*
教育・青年・スポーツ省　アドバイザー

一九九六年の第一回アンコールワット国際ハーフマラソン（*AWHM*）は、一九九四年から動きが始まっていた。一九九三年に内戦が終了した後、一九九四年に「がんばれ カンボジア プロジェクト」として第十二回広島アジア大会への参加が可能となった。同じ一九九四年にプノンペンからコンポンスプーまでを走るハーフマラソンが開催され、日本の支援で一九九六年の*AWHM*の開催が決まった。

私は国際陸上競技連盟（*IAAF*）に登録し連絡を取り、コースの計測等が実施された。カンボジア国内での手続きも難しかったが、日本の支援もあり、何とか進めることができた。当時の第一首相であるノロドム・ラナリット氏がオリンピック委員会の会長であったということも一助であった。三人の日本人がサポートをしてくれた。結城氏もしばしば来て、手伝ってくれた。

第一回目の国際大会が開かれた意味は、カンボジアが紛争から解き放たれ、平和になった証として、安らぎを与えてくれたことにある。大会後、有森裕子氏を紹介された。彼女はこの大会は、普通のスポーツイベントにするのではなくて、社会とつながるスポーツイベントとして開催することを提言し、そして、障がい者をも巻き込んだメッセージ性のある大会にすることをアドバイスしてくれた。

翌一九九七年七月五日にフンシンペック党と人民党の武力衝突が勃発した。衝突は二日間で終息したが、ノロドム・ラナリット氏は首相を解任され、国外追放された。*AWHM*は*IAAF*に例年のイベントとして登録されていたが、開催しても現在の状況

ではだれも来ない、開催するにしてもどのようにしたらいいか。不安は尽きなかった。しかし、日本から九月も十月も代表者が訪れ、何とか開催ができないかと協議が続けられた。ノロドム・ラナリット氏の後、ウン・フォト氏が第一首相となっていたが、武力紛争で勝利した人民党のフン・セン氏の力も強く、武力衝突の危険が大きかった。この二人が大会当日現場に来て並べば、カンボジアの平和を世界に知らせることができるはずである。

第二回 *AWHM* に二人の首相を招待し強く参加を促した。対立する二人が、参加することが決まったことは、いまだに不思議な出来事として記憶に強く残っている。私は当時、体育・スポーツ局長及びオリンピック委員会の閣議長をしていたこともあり、政府側ともオリンピック委員会側とも話がしやすかったということが二人の首相を呼べたことにもつながったのだろうか。そして、内務大臣であるソー・ケーン氏が安全はカンボジア政府が必ず守るという開催依頼文書を日本側に渡すことができた。

そして、第二回 *AWHM* は無事開催された。第二回大会が開催できなければ、*AWHM* は継続できていなかったであろう。

# マラソン現地化までの軌跡

山口　拓　*YAMAGUCHI Taku*
ハート・オブ・ゴールド東南アジア事務所　初代所長
筑波大学体育系　助教

大学院卒業後の二〇〇四年に、カンボジアにハート・オブ・ゴールド（*HG*）東南アジア事務所を開設し、事業を本格化する使命を帯びてカンボジアに降り立った。まずは、現地アンコールワット国際ハーフマラソン（*AWHM*）の実務者であるセム・パラ氏の助けを借りて事務所を設置しつつ、一年かけて*AWHM*現地化計画を作り上げた。しかし、当日の人手以外の全ての準備業務と資金を日本人が担っていたことなどから、策定された現地化案は多くの人々から、現実として受け取れない計画案であった。

その後、協力を惜しまなかった*AWHM*スタッフ等の努力の結果、人材が育成され、着実に計画が伸展し、彼らとの信頼関係も強いものとなった。その上、カンボジアの社会的安定と経済成長率が当初の予想を上回ったことで参加者も増加し、無理だと思われていた計画を年々達成し、とうとう二〇一三年の第十八回大会で、現地への全面移譲がなされた。

さて「*AWHM*現地化計画」は、①通年業務、②準備業務、③運営業務、④財務業務の四つに分けられ、具体的な計画に沿って進められた。全体像としては、カンボジアの慣習に沿った「組織委員会」「運営委員会」と実行部隊である「大会事務局」を組織化し、規約の整備、マニュアル作成、年間計画など、あらゆる項目に及んだ。そして、何よりも現地化のためには、人材育成と財務計画が重要課題となっていた。

人材育成では、カンボジア陸上連盟（*KAAF*）に技術移転を、大会事務局に年間を通じた全ての運営指導を行なった。大会事務局のスタッフは、当初、*HG*東南アジア事務所の団体職員として雇い入れ、マラソン専属スタッフとして育成した。また、人材育成と平行して、通年業務、大会運営、ボランティア管理・育成、参加者・スポンサー獲得のための広報活動、用品用具デザインなどに及び、各種マニュアルの作成を担当者と共に進めていった。

財務計画では、運営資金、チャリティー寄付金、人件費などの全てを*HG*に頼る体制を改善し、自立に向けての計画を進めた。①エントリー代金の増加（近隣国の在留外国人とカンボジア王国在住外国人の獲得）②「プレッジ制度」※によるチャリティー寄付金獲得③企業スポンサーの増大などによって、翌年度以降の安定した運営をもたらす繰越金が見込まれるようになり、大会の完全移譲を成し遂げることができた。

その後、*AWHM*で築き上げた信頼関係は、カンボジア王国における学校体育科教育振興事業を形成し、カンボジアの教育開発において歴史的な一歩を踏み出すことになった。マラソン支援事業は*HG*の礎となり、今も人々に平和のシンボルとして光を放っている。

※　プレッジ制度：大会に参加する人が、自身や参加できない友人・知人から寄付を預かり寄付する制度

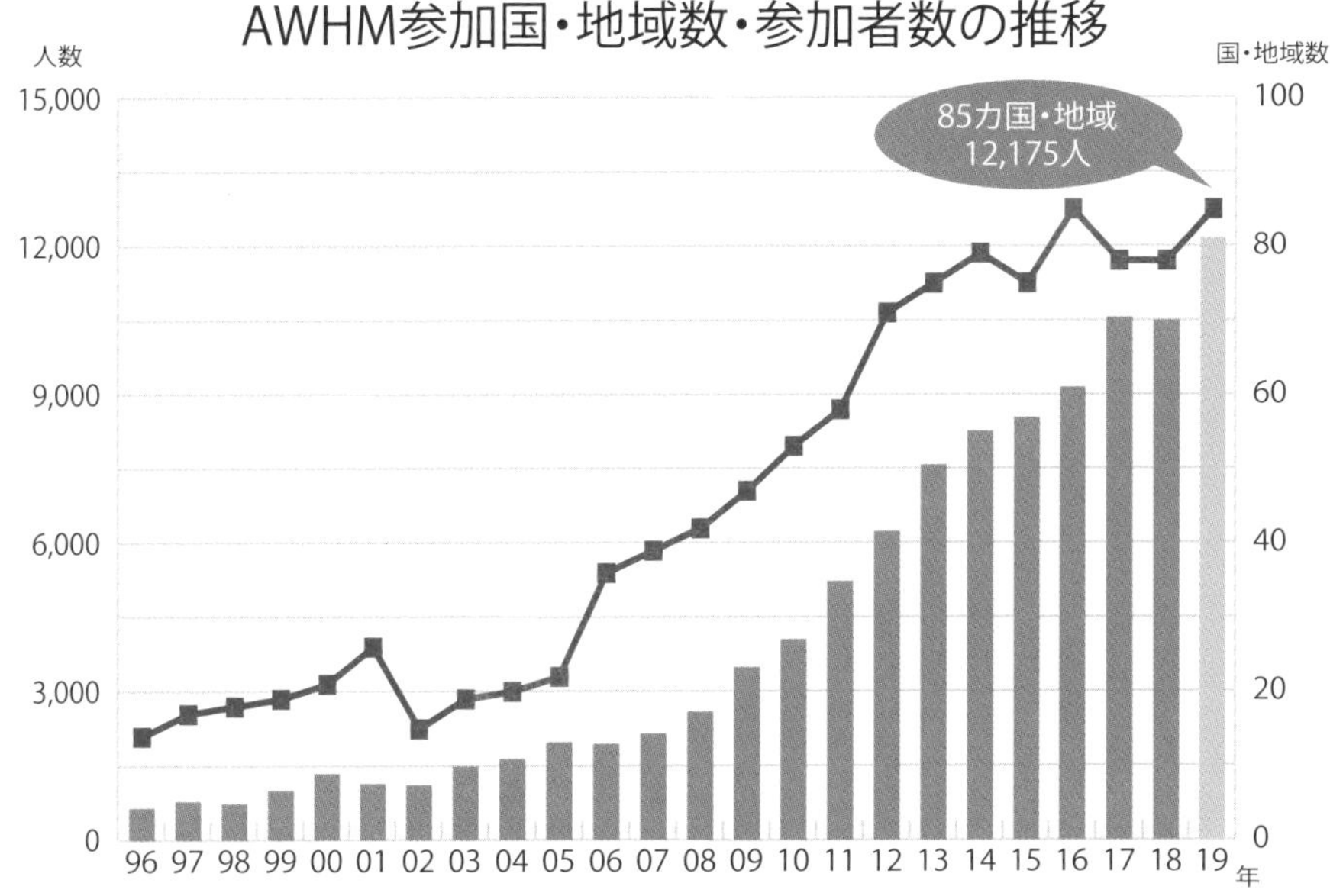
AWHM参加国・地域数・参加者数の推移
人数
国・地域数
85カ国・地域
12,175人
15,000
12,000
9,000
6,000
3,000
0
100
80
60
40
20
0
96 97 98 99 00 01 02 03 04 05 06 07 08 09 10 11 12 13 14 15 16 17 18 19
年

# *Come on!*

## —日本とカンボジアの友情のシンボル—

有森裕子　*ARIMORI Yuko*
ハート・オブ・ゴールド　代表理事

二〇〇六年第十一回アンコールワット国際ハーフマラソン（AWHM）大会後、カンボジアにこの大会を移譲する話を出した。『今はまだまだ、無理だ』というカンボジア側に、『将来的にカンボジアオリンピック委員会（NOCC）とカンボジア陸上連盟（KAAF）が独自に大会運営することを目指すこと』という一文を会議録に入れることができた。正直、カンボジア側とハート・オブ・ゴールド（HG）側が同じ納得感をもって決められたわけではない。

　その後も、毎年のように、話し合いを持ち、東南アジア事務所のスタッフは、運営能力強化のための人材育成を進めた。毎年参加国、参加者は増え続け、この大会がもたらす経済効果も大きなものとなった。国内・国外で世界遺産の中を走ることを楽しみにする多くの人々が年々増えていった。障がい者の人達も、女性も子ども達も巻き込んで、カンボジアの一大イベントに発展してきた。

　二〇一三年第十八回大会（カンボジアは十八歳が成人）で、『自分達ですべて運営できる。やりたい。』とカンボジア側から移譲の要望が告げられた。正直まだまだ心配なことはあったが、自立の時がやってきたと思い、それから全面移譲に向けての話

し合いがなされ、この大会の趣旨とチャリティーであることが継承され、透明性のある運営がなされることなどを約束した覚書を交わした。覚書は、『*AWHM*は、日本とカンボジアの友情のシンボルとして組織され、カンボジアのスポーツ発展のために寄与する。』と締めくくられた。

大会側からは、私が終身名誉会長として、大会運営に関わってきた日本側の組織代表として*AWHM*に招待されることになり、その年全面移譲した。

二〇一五年十二月六日早朝、アンコールワットの日の出を待って、第二十回*AWHM*のスタート地点に立った。例年であれば、途中侵入してくる車に注意を促し、給水所で手伝ったり、歩いているランナーを励ましたり、コース途中で様々なことを気づかいながら二一・〇九七五キロメートルを走っていた。でも、この年は、ほとんど立ち止まることもなく、世界の大会に成長したこのマラソン大会を、二十年をふり返りながら、感慨深く走っていた。その時、従来であれば私が「*Come on!*」といってカンボジア人を励ましながら走ったものだが、今年は私に「*Come on!*」と声をかけ、励ましてくれたカンボジアの青年が、マラソン大会が自立したことを、私に教えてくれた何よりも嬉しい瞬間だった。これからは「*Come on!*」に答えて彼らと共に走っていきたい。

# 点を線に、線を面に

## —活動が現地に受け継がれるために—

田代邦子 *TASHIRO Kuniko*
ハート・オブ・ゴールド　副代表理事　事務局長

地雷廃絶と地雷被害者の支援を目的に一九九六年第一回アンコールワット国際ハーフマラソン（*AWHM*）が開催された。翌一九九七年は、またもや内戦の危機が起こり、それを乗り越えて、再びカンボジアが安定するために日本政府を始め、多くの人々が動いた。*AWHM*実行委員会は、相反する二人の首相を招待し、並んで参加している姿が、カンボジアの平和をアピールすることができると信じた。私はその時、ちょうど現場にいて、スポーツが果たす役割—平和構築—を肌で感じたことを鮮明に覚えている。

その翌年一九九八年ハート・オブ・ゴールド（*HG*）は設立された。まずは、この国際チャリティーマラソン大会の継続と、カンボジア人自身によって国際大会が運営できるように人材育成も視野に入れて前に進み始めた。

二〇〇〇年、マラソンだけでなくサッカー、バレー、バスケットなど、ボール一つで遊べるスポーツも子ども達に教えてほしいと現地から希望が寄せられた。

二〇〇一年から青少年スポーツ祭を開催し、翌年からは教育省と共催の指導者育成スポーツ祭（*YLTS*）へと発展していった。（詳細は*HG booklet* ①）有森代表のオリンピアンの友人やスポーツ専門家など多くのプロの方が、現地に飛び、指導くださった。

しかし、単に一年に一回、スポーツ祭を開催するだけでなく、子ども達の「健やかな体と、豊かな心」をはぐくむためには、学校教育の中で体育科教育が充実することが望ましいと、現地教育省の人達と何度も話し合った。教育省のブンジー氏は同意見で、「私のライフワークとして、この教育改革を実現したい。教育省の中に担当局をつくるので待ってほしい。そして、その時協力してほしい。」と。二〇〇三年カンボジア総選挙後何年かしてブンジー氏から「学校体育・スポーツ局（小学校で体育科教育を推進する局）」が新設されたという連絡がきた。「小学校で体育の授業が始められる！」という声に応えて、二〇〇六年から、小学校体育科教育振興事業（*JICA*草の根事業）への扉が開くという奇跡が起きた。

彼がカンボジア政府内の受け皿を模索していた間、*HG*は、この大きな国家的事業を進める多額の資金の調達と、専門家の協力を探って東奔西走した。外務省、*JICA*、財団、地方自治体、大学、企業など、あらゆる分野の門をたたいた。このころは、スポーツは国際交流と位置付けられていた。その上、外国の教育行政に小さな*NGO*／

*NPO*が参画できるはずがない、との反応がほとんどであった。大きく活動をしようと思う時、必ず、「人、金、時」、この三つの扉が開かなければ前に進めない経験から、ひたすら支援者、指導者を探した。共に動いたのが、山口拓氏（*HG*東南アジア事務所　初代所長）だった。

そして、故高橋健夫副学長の尽力により、筑波大学と*HG*との協定が交わされ、*AWHM*から十年後、*YLTS*から五年後、小学校体育科教育振興事業が始まった。

*JICA*にとっても、草の根事業で、体育科教育は初めての試みだったので、心配しながらの決定だったようだ。これによって、点が線に、線が面になり、最後には全カンボジアの小学校に、質の高い体育の授業が広がっていき、子ども達の「健やかな体と、豊かな心」がはぐくまれるスタートを切ることができた。

始めたはいいが、体育科教育自体、受けたことも見たこともない人達に、広げていく苦労は並大抵ではなかった。十年かかったが、まずは、行政組織（中央・地方）の人材育成とともに、学校の教員、教員養成校も巻き込んで、将来カンボジア全土に普及できる仕組みができたことが、今日の発展につながったと思える。

**小学校で体育授業が始まる**

# 学校体育・スポーツ局の誕生

プラム・ブンジー *PRUM Bunyi*
教育・青年・スポーツ省　アドバイザー



当初、教育・青年・スポーツ省内には、教育と青年とスポーツの区分がなかった。アンコールワット国際ハーフマラソンを実施していく中、有森氏は、「健常者だけが社会に関わっているわけではない、障がい者もそこに包括されていくべきである。スポーツにおいても同様である。」と言い、カンボジア・トラストやカンボジア赤十字等の障がい者支援を継続して実施した。私は、二〇〇〇年から続いていた青少年スポーツ指導者育成祭に携わり、その中で、学校の子ども達も社会に関わっていることに気づいた。体育の授業で何を教えているのか先生達に尋ねたところ、「わからない。」との回答が返ってきて、改善が必要だと感じた。

二〇〇三年に青年・スポーツ総局が確立され、青年局、体育・スポーツ局（*DPES*）、学校体育・スポーツ局（*DPESS*）、ナショナルトレーニングセンター（*NSTC*）が設置され、国立体育・スポーツ研究所（*NIPES*）は、まだ*NSTC*の下に配置されていた。私はその際に*DPESS*の局長に指名され、二〇〇三年から二〇〇六年は、当時の*HG*東南アジア事務所長であった山口氏とは、喧嘩にもなりそうな議論を繰り返した。何度も議論し、話し合い、時には一緒に飲んで分かり合ったことをとても懐か

しく思う。

その後、二〇〇六年に青年・スポーツ総局が青年総局とスポーツ総局に分かれ、スポーツ総局は*DPES*、*DPESS*、*NSTC*、*NIPES*の四つの局となった。*JICA*のプロジェクトも同じ年の二〇〇六年に開始したが、*DPESS*は新設されたばかりであったこと、年齢の高い職員が多かったこと、*DPESS*は学校の体育をコントロールする必要があったことから、体育・スポーツ関係部局だけでなく、小学校局や教授法・研究局（現在のカリキュラム開発局）の関係者にも声をかけ、プロジェクトに関わってもらった。現在も続いているナショナルトレーナー、地域トレーナー、州トレーナーの育成という段階的な指導者の育成という体育普及の基盤となる礎が築けたことはとても重要なことだと思っている。

### 活動に関係する教育・青年・スポーツ省内の部局（2021 年 1 月現在）

大臣 ― 事務次官 ― 事務次官補 ―

- 政策計画総局 ― 4局
- スポーツ総局 ― 学校体育・スポーツ局：DPESS、国立体育・スポーツ研究所：NIPES、他 4 局
- 青年総局 ― 2局
- 高等教育総局 ― 2局
- 教育総局 ― カリキュラム開発局、教員養成局（TEC を管轄）、他 6 局 1 室
- 総務会計総局 ― 8局
- 監査総局 ― 1局 1 室
- 会計コントロールユニット
- （各都・州）教育・青年・スポーツ局：POE ― （各郡）教育・青年・スポーツ局：DOE

# カンボジア王国体育科教育の夜明け

山口　拓　***YAMAGUCHI Taku***
ハート・オブ・ゴールド東南アジア事務所　初代所長
筑波大学体育系　助教

二〇〇三年の国民議会選挙後にカンボジアで教育の抜本的改革が始まると、二〇〇四年には学校体育・スポーツ局（*DPESS*）が新設された。*DPESS*の局長には、アンコールワット国際ハーフマラソン（*AWHM*）と青少年・指導者育成スポーツ祭（*YLTS*）※1を共に推進したプラム・ブンジー氏が任命された。これまでの人生で現代体育を享受できなかった現地の行政官や教員等にとって、体育授業を具現化するのは容易ではなかったが、*JICA*草の根事業（二〇〇六～二〇〇八年）が実施され、現地担当者の活躍と日本人専門家の助力によって、「小学校体育科学習指導要領」と「指導書案」が完成した。この作成に向けた取り組みは「*HG booklet* ①」に書かれた通りである。

学習指導要領や指導書案ができても、それが実際の体育授業に使われてこそ意味がある。そのために、「新訂された指導書の普及」「教育省における普及体制の確立」「国および地域トレーナーの育成」「現場の教員や教員養成校の研修」を目指して「小学校体育科教育振興事業」（二〇〇九～二〇一二年）が第二段階の学校体育支援事業として開始された。

当時、カンボジア二十四州を大都市、山岳地域、河川地域、海沿地域、遠隔地域の五地域に分割して選出された中心州のモデル校を半年かけて育成（学校選定、意思確認、設備投資、講習会、巡回指導、公開研究会、中心校認定）するといった地道な全国展開が実施された。

この事業で特記すべき点は、単に日本の教育技術を持ち込むのではなく、政策立案者と現場がお互いに検証し、改訂を見据えて検討と試行を重ねる点にあった。そして、いつの日かカンボジア独自の体育が形成されるという共通の夢に向けて新しい普及方式「*RECTI*」※2が導入された。

この事業では「カンボジア人体育専門家（ナショナルトレーナー：*NT*）※3育成および連携強化」「フォローアップ体制の構築」「研究指定校の設置」を目指した。

*NT*育成では四十八名の参加者の内、二十八名が修了し、主担当六名と副担当六名が、教育大臣により認定された。そして執務室が整備され、指導書改訂・体力測定・体育関連調査・教材開発・指導書普及などの分掌化が進んでいった。*NT*の長年にわたる努力が教育省内で認められたことで*NT*の意識も高まり、仕事への誇りと自信が生まれた。*NT*と*HG*スタッフと教育現場の教員等の関係性は、年次教員養成校*PTTC*※4ワークショップ、巡回指導を重ねることで、信頼関係を高め、連携体制を強化していった。

次に「フォローアップ体制」では、全国二十四州の州教育局（*POE*）※5、各拠点校を管轄する七郡の郡教育局（*DOE*）※6との連携強化を図り、新たに設置された年次体育協議会では、課題発見能力、課題解決能力、年次行動計画の検討を恒常的に実施できる機会を提供し、持続可能なフォローアップ体制が作られた。全ての州に対する平均的なサポートが順調に進んだわけではなく、残念ながら地域担当者や教員等

の意識に大きく左右された。

その結果「研究指定校の設置」では、十校の拠点モデル校と五校の拠点モデル*PTTC*、そしてモデル州以外の四十校の導入小学校と十三校の*PTTC*が設置され、第三段階の支援へと継続された。

※1　*Youth and Leaders Training through Sport*（*YLTS*）スポーツを通じた青少年・指導者育成の祭典の略称

※2　*RECTI*とは、改正、矯正、軌道修正、調整、整流等の意味を持つ*Rectification*の語幹を使用し、*Regional Education Center Transferring Initiative*の頭文字を使った略称。各中心州に拠点小学校と養成校を設置し、近隣の衛星校や教員養成校に普及していくというシステムのこと。

※3　ナショナル・トレーナー（*NT*）とは、カンボジア教育省の体育専門家として認定試験に合格した者の呼称

※4　*Provincial Teacher Training Center*（*PTTC*）は、州立小学校教員養成校の略称

※5　*Provincial Office of Education*（*POE*）は、カンボジアの州教育局、すなわち州教育委員会の略称

※6　*District Office of Education*（*DOE*）は、カンボジアの郡教育局、すなわち郡教育委員会の略称

# 小学校体育科教育の目標

岡出美則　*OKADE Yoshinori*
日本体育大学スポーツ文化学部　教授

　海外で初めて携わることになったカンボジアにおける小学校体育科教育支援プロジェクトのスタート地点で、私自身はプロジェクトの期間内に達成すべき目標をプロジェクトの先を見据えながら設定することに不安を感じていた。プロジェクトは期間限定であるため、期限後に継続される保証はない。しかし、先を見据えた目標設定をしないと、単発的な事業で終わってしまう。そのため例え、支援が継続されなくても自力で次の展開に移れる人材やシステムが育つ状況を生み出すことが重要であった。同時に、設定した目標に共感し、実行に移せる人材を見つけることも大切であった。そのためには、関係者の抱いている価値観の確認も重要であった。この点を垣間見たのは、学習指導要領の文案作成にむけたワークショップだった。

　参加者が自分の達成したい体育の目標をグループで検討し、各グループの意見を全体の前で集約していくことにしたのだが、各グループが提案した目標への投票を依頼した際に、何度も挙手する人が出てきた。この場面は、そこにいた日本人にとっては

大混乱だった。理由が分からなかったからだ。しかし、理由は単純だった。人前で個人の意見を表明することの怖さがあったからである。それは、逆に言えば、参加者は、誰もが仲良く、安心して暮らせる社会を求めていることが確認できた瞬間でもあった。また、ここが確認できたことで自分が提案するべき内容も焦点化されていった。また、核になる人物を見いだし、協議する関係も生み出されていった。

　この経験は、実は、日本において学習指導要領の作成に関わる際にも役立った。その意味では、いい機会を得たと改めて感じている。

**岡出美則氏**

　筑波大学所属時に故高橋健夫教授の推薦により二〇〇六年から専門家として*HG*の体育科教育支援事業に関わる。小・中・高の学習指導要領・指導書の制作委員会に入り、指導・助言を行ってきている。また、体育の教授法、普及政策策定、体育大学設立に対しても専門的知見から指導・助言を行う。二〇一六年に教育・青年・スポーツ省大臣より感謝状を授与され、二〇二〇年に国立体育・スポーツ研究所名誉教授に就任している。

# 困難を乗り越えて、新しい体育の歴史を作りたかった

ドク・キリロアット　*DOK Kirirath*
教育・青年・スポーツ省学校体育・スポーツ局　副局長

小学校体育科の学習指導要領を作成し始めたときは、知識も道具も施設も場所もなく、また今まで学習指導要領を作成した経験者が誰もいない中、私達学校体育・スポーツ局（*DPESS*）のワーキンググループの限られたメンバーで小学校体育科の学習指導要領を作成するのはとても困難なものだった。現在では、プロジェクトの成果が見え、局長や事務次官等の上級官僚の方達と体育を普及する政策を一緒に考えられるようになったが、当時は一スタッフの立場で上級官僚とコミュニケーションを取ることはカンボジアの歴史的背景から大変難しかった。

次に学校に体育を普及させるには、現場の先生達の人材育成が重要であった。しかし、ほとんどの教員が学生の時に体育を習っていないため、まずは体育とは何かをわかってもらうことから始めた。学校運営はカンボジアでは校長のマネジメント能力によって大きく左右されるため、校長からの協力が得られなければ、学校での体育普

及はできないも同然だった。実際に学校へ行ってみると、先生は四十分授業のうち十分程度クメール体操を教えるだけだった。運動できるスペースがない、ボールなどの教具がない、日本のように体育館がない、雨が降った時には体育を中止せざる得ない環境であり、年間計画、指導案などを準備して授業に臨む先生はいなかった。たくさんの困難にぶつかりながらのスタートであった。

そのような状況ではあったが、*DPESS*の役割は体育を発展させる事だと認識し、*DPESS*のマネジメントチームの副局長として、これからの子ども達にどのような体育を受けてもらうかを考えていかなければいけないと思った。私一人ではなく、ほかのメンバー達と協力し、いつも相談して進めることができた。

私達は新しい体育の知識が学べる状況の中、昔の体育のままにはしておきたくなく、新しい体育の歴史を何か一つでも作りたかった。

新しい体育が普及し、子ども達が体育を通して健康になり、不登校の児童も減り、体育の授業を通して学校を好きになってくれるためにこれからも体育の普及に取り組みたい。

# 新しい体育で子どもが変わった

オン・ソタリー　*OUN Sothary*
スヴァイリエン州プレアシアヌーク小学校　教頭

chapter 2

　スヴァイリエン州のプレアシアヌーク小学校では、ハート・オブ・ゴールド（*HG*）と教育省が新しい体育のワークショップを実施した二〇一一年から新しい体育が始まった。古い体育では手を上げたり足を動かしたりするだけの体操で、あまり動かなく、試合もないため、子ども達の笑顔が見られることはあまりなかった。新しい体育では、たくさんの試合があるサッカーやバスケットボール、バレーボール等があり、子ども達が協力したり、話し合ったりする場面が多くみられる。その中でもマット運動は今まで経験したことがなく、とても興味を持っている種目だと思う。*HG*にマットを四枚支援していただき、同時に二クラスが利用できるようにもなった。また、三か月に一度、親とのミーティングがあるのだが、火曜日と金曜日に体育があることを伝えると、体育の日はきちんと体操着を着用させる等、親の協力も得られるようになった。

　私は新しい体育の実践を教頭及び教員として関わっているが、教員としては、新しい体育を教え、自分も地域トレーナーにな

ることができたので、とても感謝している。子ども達はいろいろな試合ができるようになったことで、ほかのチームより勝ちたいと思って頑張ったり、一生懸命取り組んだりしている。また、教頭としては、私と同じように地域トレーナーになった教員達が定年退職を迎えて辞めてしまったため、新しい体育を知っている教員がいないという課題にも直面している。教員の人数が足りないのではなく、新しい体育を知っている教員がいないため、マネジメントの立場として指導書を読んでもらい、新しい体育の理解に努めている。

プレアシアヌーク小学校は、二〇一四年に教育省と*HG*の指導の下に初めて運動会を開催し、翌年からは一年の締めくくりとして、ただ楽しく開催するだけではなく、子ども達が年間を通して学んだことを、両親や地域の人に向けて発表できる場として、学校が自主的に継続開催している。教員達の努力も認められ、二〇一六年に体育研究指定校にもなった。これからも研究指定校として質の高い新しい体育を継続し、子ども達が元気で笑顔になれるようにしていきたい。

# カンボジア体育科教育を岡山から支えて

井上恭子　*INOUE Kyoko*
ハート・オブ・ゴールド　事業・広報部長

カンボジア教育・青年・スポーツ省（教育省）とハート・オブ・ゴールド（*HG*）の協働により二〇〇六年から開始した小学校体育振興事業に先立ち、二〇〇五年に学校体育・スポーツ局（*DPESS*）のスルン・リエン氏を「岡山県国際貢献ローカル・トゥ・ローカル技術移転事業」の研修員として招へい。岡山県内の小・中・高・大学、行政機関や地域スポーツクラブなどで、学校の授業をはじめ、教員養成課程や教員研修、行政の役割、体育・スポーツ団体の組織運営、各種競技大会の運営など、体育に関わる様々な研修を受けた。岡山国体開催とも重なり、スルン氏にとって驚きの連続の五カ月だった。以降も同プログラムにより、行政官、学校教員、*HG* 現地スタッフらカンボジアの体育科教育を担う五名が研修の機会を得て、その成果をカンボジアに持ち帰っている。二〇〇七年に認定された小学校体育の学習指導要領の序文には、*JICA*、筑波大学とともに岡山県が挙げられ貢献への謝意が述べられている。

また、研修事業は岡山の多くの人にカンボジアの現状や *HG* の活動を知ってもらうきっかけとなり、その後の支援の輪を大きくすることにつながった。

特に、二〇一一年に自治体国際化協会（*CLAIR*）助成金を活用した研修受入事業は、岡山市が *HG* の活動を評価したものと言えるだろう。カンボジアの体育科教育の中枢を担う *DPESS* 局長プラム・ブンジー氏以下七名が、揃って日本の体育現場を直接見る初めての機会となった。また、研修中の小学校運動会の視察は、彼らのモチベーション向上に大きく影響を与え、二年後の二〇一三年に教育省主導の運動会へと進展する。

運動会には、教育省側からそれまで研修を支えた岡山の指導者に支援要請があり、岡山県・市がそれぞれ現職小学校長と教育委員会職員の公務派遣を実施した。これにより、カンボジアと岡山の関係は更に強いものとなった。その後も、運動会への派遣と研修の受け入れは継続された。二〇一六年には岡山市の教員が直接、現地の教員を

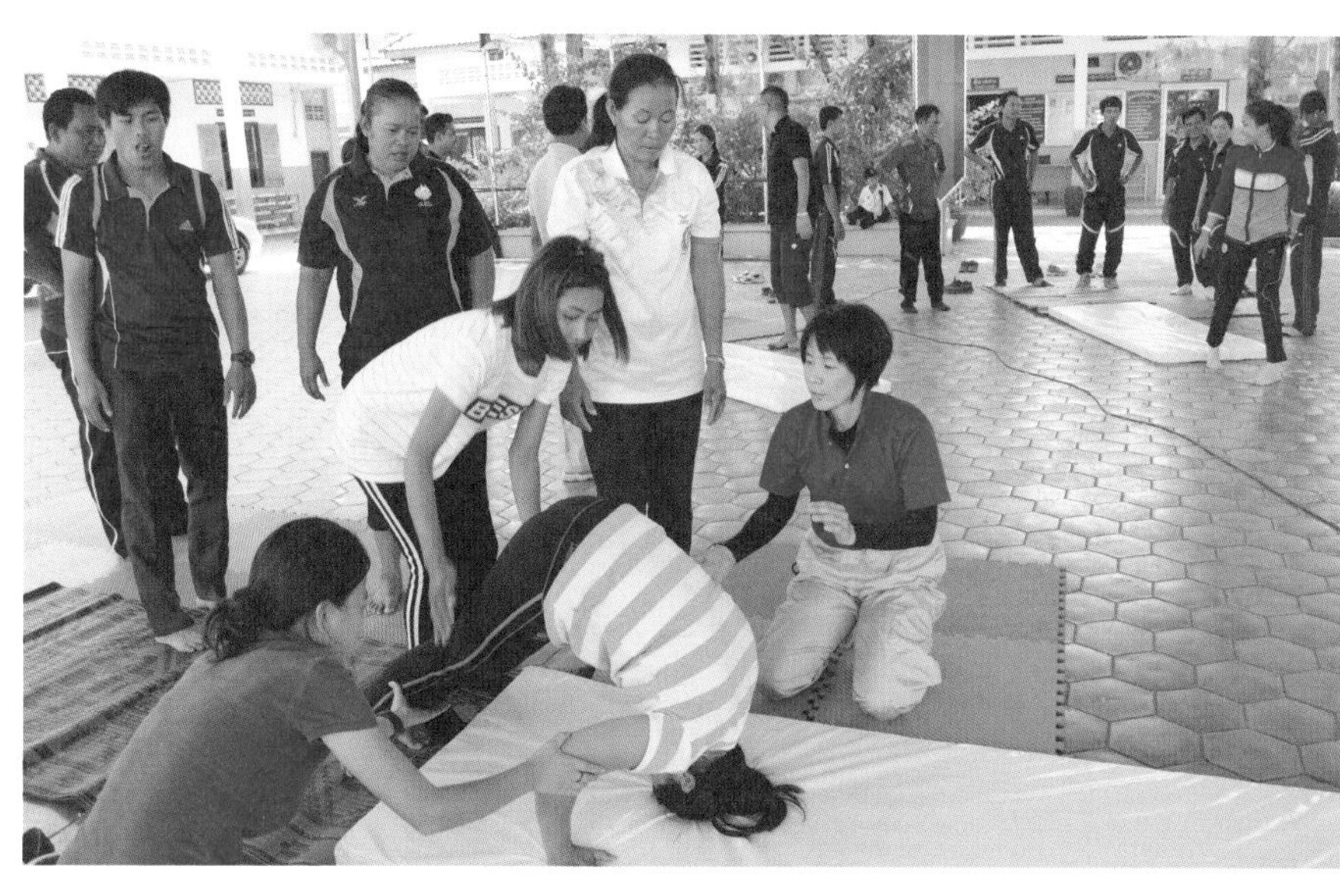

対象にマット運動とリズム運動の指導技術を伝えるワークショップを実施した。

岡山県・市による行政の支援とならび、学校、企業、団体や個人による活動も忘れてはならない。カンボジアで体育をするにも道具がない。ボール、空気入れ、体操服や運動靴、ライン引きや長縄など持ち込めるもので考えつくものは、一通り支援していただいた。そのうち、現地で作れたり代用できたりするものではなく、どうしても必要なものが定まってきた。栄光スポーツは店頭だけでなく、メーカーやクラブチームにも声かけを行い、新・中古ボールの支援を現在まで継続。そのボールを岡山学芸館高校の生徒がカンボジア研修時に現地に持ち込んでくれている。おもちゃ王国は、園内でチャリティーミニマラソン大会を行い、小学校への鉄棒設置に特化した支援を行っている。ロータリークラブやライオンズクラブは、サッカーやバスケットゴール、浄水器といった施設整備や指導書の印刷を支援。学校では子ども達が、*HG*スタッフの手作りマットの制作費一万円を捻出するためにバザーや募金活動を行っている。岡山の人々の活動は、まさに「できる人が、できることを、できるかぎり」だ。

# カンボジアの新しい体育誕生への期待

小川泰永　*OGAWA Yasunaga*
岡山市立五城小学校　校長



私が岡山県教育庁保健体育課の指導主事で小学校体育の担当をしていた時のことだ。私に、日本の体育の学習指導要領、教員の研修や行政の働きについて説明してほしいというオーダーが入った。当時、カンボジアから派遣された教育省の方はとても熱心で、色々な質問が出された。期待に沿う回答がどこまでできたかわからないが、一助となっていればと願うばかりであった。

二〇一〇年の時であろうか。もっとできることはないかという気持ちにさせてくれたのは、ハート・オブ・ゴールドのチェトラ氏が県内の小学校や教員の研修会に私と一緒に行くようになってからのことだ。研修会場に行くまでの車の中、二人でよく話をした。ポルポト政権下、内戦でカンボジアは人と人との関係が崩れてしまったこと、岡山の小学校の運動会を見て、地域全体が集まって歓声をあげ、地域の一体感を肌で感じて羨ましかったことを教えてくれた。カンボジアにもこの取組を取り入れ、昔のようなカンボジアにしたいと涙を流しながら語る彼に感動したことを今でも覚えている。戦争を知らない世代の私に（平和ボケしている私に）は、ビンビン響く、熱いメッセージだった。

その後、カンボジアへの教員派遣の話が出てきた際には、私自身もカンボジアへ派遣され、現地で運動会を普及しようと頑張っているリーダーと一緒に活動することになった。前述の教育省の方との再会だ。その経験は私自身にとっても大きな学びであった。クメール語のわからない自分が片言の英語で、しかも、日本の指導方法を押しつけるのではなく、いかにコーディネートするかが求められているのだ。プレッシャー以外の何物でもない。でも、楽しかった。異国の地で、カンボジアの運動会を成功させる事業に関われていることに妙な興奮もあった。あれから十年近く経過した。カンボジアの体育は少しずつだが、確実に根付き、広がり始めている。焦ることなく進んでほしい。施設等が十分でない地域でも、日本とは違った「楽しい体育」が実践されることを願っている。近い将来、カンボジアの体育という名前で様々な実践がなされ、海外での体育学会等において紹介されることを期待している。そして、その学会で発表しているのは、チェトラ氏で、彼がカンボジアの体育をリードする人になるのか…。その時にはカンボジアに行って祝杯をあげよう。こんな夢のような話をできることがカンボジアの魅力だ。

# 「ハレの日＝*PE Festival*」はカンボジアの学校体育に寄与するのか？

原　祐一　*HARA Yuichi*
岡山大学大学院教育学研究科　講師

二〇一三年十二月七日、シェムリアップにあるワットチョーク小学校にて、子ども達が歓声をあげながら真剣なまなざしで*PE Festival*（運動会）という「ハレ舞台」に参加している光景を今でも鮮明に思い出す。「あぁ、二〇〇〇年に初めてカンボジアに来た時に感じた子ども達のエネルギーが、集結するとこんなにも凄い力になるのか」と感慨にふけっている自分がいた。まさか、学生時代に行ったカンボジアの地に再び立ち、子ども達や先生、ナショナルトレーナー（*NT*）と何かを成し遂げようとするなんて、想像もしていなかった。

そんな扉は、ある日突然ハート・オブ・ゴールド（*HG*）によって開かれた。「カンボジアで運動会開催の支援をするのですが、手伝えませんか？」と井上氏から電話がかかってきたのだ。私がお役に立てるならと二つ返事で「はい」と答えたあと、一抹の不安がよぎった。悲しい歴史を抱えるあの地で、大人数が集まりイベントをすることが可能なのだろうか。もちろん、その不安は、的中することになる。

まず、事前にスカイプで運動会の目的を*NT*と考えるところからスタートした。日本で運動会を目にした彼らが、カンボジアでも開催したいという思いはよくわかる。しかし、当時から日本でも「そもそも運動会は何のために行うのか？」という議論は少なからずあった。だからこそ、始める際には、明確にその目的を問う必要があったのだ。言葉の壁もあり、なかなか意図が伝わらないところもあったが、ここは妥協できない。西山所長やチェトラ氏を中心として*HG*に調整していただいた結果、三つの柱である①スポーツ文化の面白さをみんなで体験すること、②体育授業の成果を発揮する場にすること、③家庭・地域と学校が連携すること、を策定することができた。やっとカンボジアオリジナルの*PE Festival*を創造することが具体的に動き出す。この目的は、現在でも生きている。何度も*NT*に「なぜ運動会を開催するのか」を問い続け、各学校でも問うことは、活動あって目的なしの事態に陥らない教育の本質である。これから、その目的は変化するかもしれないが、「なぜ*PE Festival*を行うのか？」については、問い続けてほしい。

さて、このような目的を掲げたものの、現地に入ってからも課題は山積。学校の施設・用具というハード面、先生の子どもを

把握する・指示を出す力、子ども達が育ってきた社会的背景などソフト面まで多岐にわたる。これら一つ一つを、先生・*NT*・専門家・学生といった多様な他者が協働することによって解決し、当日までこぎつけることができた。ワットチョーク小学校は、千四百人ほど児童がいたが、日本でもこれだけの数の児童を動かすのは大変。現地の実情に合わせて柔軟に対応することを*NT*、専門家、学生とも確認しながら進め、当日は先生方だけで運営していただいた。当初から持続可能な形を模索した甲斐もあって、二〇一九年には、バッタンバン郡において行政官が中心となり、十五校にまで広がりをみせた。少しずつでも現地の人々が、自分達の思いによって広げていくことが、より良い体育を子ども達に提供することになる。

実際に、*PE Festival*について実施／非実施校に調査（二〇一九）を行なったが、*PE Festival*実施と新しい体育授業の提供は、正の相関関係にあった。様々なアプローチから、豊かなスポーツライフを送れるカンボジアの社会になってほしいと願うと同時に、これからもお互いに*Win-Win*の関係を築いていきたい。

# 少しずつでも　はじめなきゃ！

## ―小学生の国際協力―

板倉真由美 *ITAKURA Mayumi*
岡山市立芳泉小学校　教頭

「かつてみなさんがカンボジアの体育館建設のために募金を集めて寄付をしました。ついにバサック中学校に体育館が完成したそうです。小さな力が集まると、こんなにも大きなことが成し遂げられます。」二〇二〇年三月に中学校を卒業した子ども達に送った祝電の一部だ。

岡山市立第三藤田小学校では毎年六年生が総合的な学習の時間にハート・オブ・ゴールド（*HG*）と協働で、国際理解教育に取り組んできた。始めはカンボジアの子ども達と交流したり、生活物資を集めて送ったりする活動からのスタートだった。しかし、チェトラ先生が体育教育の視察に来られたのが縁で、カンボジアには体育の授業がないことを知った。自分達と同じ子ども達が、十分に学校に行けないだけでなく、ボール遊びもできないことを知り、彼らのために何かしたいという思いが湧き起こってきた。

また、同時にスカイプを使ってカンボジアのニューチャイルド・ケアセンター（*NCCC*）の子ども達と実際に話したり、互いの国のことを紹介し合ったりする中で、外国がぐっと身近なものになった。「カンボジアに友達がいる。その友達が喜んでくれることを何かしたい！」この気持ちが

いろいろな考えを生み、行動につながっていった。「何をしたらうれしいかな?実際に聞いてみよう。」NCCCの子ども達に跳び箱やマット運動、なわとびやサッカーなどをやって見せ、どれをしたいか聞いた。チェトラ先生にも相談した。体育の道具を寄付することは決まっても、そこから一つに絞ることは困難を極めた。一人一人がカンボジアの子ども達の立場に立って送りたいものを考えたので、簡単には譲らない。中でも印象的だったのは、「体育館建築費用」をめぐっての話し合いだった。「ぼく達が集めた募金の金額では、体育館なんてとても建てられないから他のものにしよう。」という意見に対して、「そんなことを言っていたら一生カンボジアに体育館は建たないよ。少しずつでも集めなきゃ。」これには私達教員も驚いた。この学習をやってきてよかったと思えた瞬間だった。結局、この年はボールと体育館建築費を半分ずつ送ることにした。それが冒頭に話した子ども達である。毎年同じような議論がなされたし、実際に地域のお祭りで募金活動も行った。募金だけではなく、知恵を絞って卒業する時に自分達が使っていたなわとびを全員が寄付した年もあった。

　この学習を通して子ども達は、「誰かに喜んでもらうと自分も幸せな気持ちになれること」「小さな力の自分達にもできることがあるということ」を実感できた。それは私達大人も同じである。社会で起きている様々な問題に無関心な人間にならないで欲しい。そのためにこれからも子ども達と共に学んでいきたいと思う。以前、岡山駅での街頭募金に寄付をした時、「あ、先生!」と箱を持った女子高生に声をかけられた。第三藤田小学校の教え子だった。小学校で学んだことがつながっている。とてもうれしく温かい気持ちになった。

# 小学校・中学校・高等学校・大学体育科教育普及支援活動マップ（二〇二一年二月現在）

**対象校**
小学校：33 校
（2021～　1,074 校）
教員養成校：13 校
中学校：263 校
高等学校：88 校
大学：1 校

対象校のうち
**研究指定校**
小学校：29 校
教員養成校：10 校

小学校生徒数：31,535 人
小学校教員数：　1,059 人
PTTC 学生数：　3,158 人
PTTC 教員数：　24 人
中学校生徒数：17,655 人
中学校教員数：　1,046 人
NIPES 教員数：　65 人
NIPES 学生数：　175 人*
＊2 年生 150 名、3 年生 25 名

# ワッティー誕生秘話

**中村英誉** ***NAKAMURA Hidetaka***
一般社団法人 Social Compass 代表

カンボジアに来て三年が経った時、カンボジア発のキャラクターを作ることにした。『カンボジアといえば?』で少し悩んで見せたりもしたけれど、結局は世界遺産のアンコールワットに行き着いた。それが『ワッティー』だ。

少しひねったと言えばもう一つ、カンボジア人にとってはおなじみの独立記念塔(インデペンデンス・モニュメント)のキャラクター『インディー』。

しかし、キャラクターができたと言って、それがすぐにドラえもんのようになるわけではない。みんなに知ってもらわなければ、それは単なる落書きだ。

カンボジア人のメンバーと議論した。どうすれば、ワッティーとインディーがカンボジアで浸透するのか?色々と議論を進めるとカンボジア人はダンスや体操が好きだ、という意見が出てきた。言われてみれば、夕方になるとエアロビのようなダンスを公園などでよくやっている。そして思い出したのが、ハート・オブ・ゴールドの西山氏だった。

カンボジアに来たばかりの時に、体育教育のためにカンボジア伝統の「クメール体操」というリズム運動の普及の相談を受けていたのだ。すぐに電話した。

そこからはトントン拍子。サンプルを作って、教育大臣に見てもらい、完成したアニメーションは国営放送*TVK*で放送された。毎朝六時五十分から、四年間ほど放送は続いた。

ワッティーはその後も、*JICA*や色々な*NGO*と共に、ゴミ問題・交通渋滞問題・下水道啓発・農業用灌漑や医療、教育、租税など、多種多様の啓発動画に登場することになる。

まさに*SDGs*を地でいくキャラクターに成長してきた。これからもワッティー・インディーに活躍していってもらいたい。

# 自立を始めた　小学校体育科教育

西山直樹　*NISHIYAMA Naoki*
ハート・オブ・ゴールド　理事
ハート・オブ・ゴールド東南アジア事務所　所長

私は二〇一二年四月にカンボジアへ赴任した。当時新しい体育を五州へ普及し、教育・青年・スポーツ省（教育省）の担当官をナショナル・トレーナーとして育成する事業が動いていた。五州へのモデル小学校、教員養成校への普及は順調に進んでいたが、プロジェクトではカバーできない、全国への普及については、教育省が自立して取り組んでいかなければいけない果てしない課題であった。

教育省が自立して普及していくために第三フェーズ※として、「カンボジア王国　小学校体育科教育　自立的普及に向けた人材育成及び体制構築のための事業」を立案した。カンボジア全国は二十四州あり、当時モデルとして普及していた五州を十五州へ増やし、教育省から各州への普及ではなく、フェーズ二で育成されたモデル州を地域拠点州として近隣の州へ普及すること、教育省の担当官を六名から十二名へ増員し、各担当官の知識・技能の向上を図ること、教育省が体育の普及を政策として検討し、地域トレーナーを認定、教育省年次協議等で継続検討されることを事業に盛り込んだ。

フェーズ二と同様、カンボジア全国を五つの地域に分け、それぞれの地域にフェーズ二で設定したモデル州を含有し、モデル州を中心に各地域、追加で二州への普及を進めていった。プロジェクトとしては、体育授業の質の保証、普及制度の確立は重要であったが、教育省担当官が自立していくためには、自分達で実践し、考えてもらう必要があった。そのため、独自でモニタリングを行える予算も確保し、自分達で計画してモニタリングも実施していった。全国を五つの地域に分け、順番に普及作業を進めていったため、順番が早かったり遅かったりすることにより、最初に普及した地域は事業後半には研修内容を忘れてしまっていたり、事業後半に普及を実施した地域は事業後半まで普及が進まなかったりという

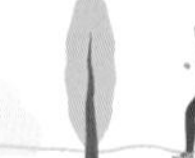

課題は生じたが、教育省担当官は自分達の担当州を持つことで責任感が増し、モニタリングも教育省ということで上から新しい体育を押し付けるのではなく、先生と対話することで良好な関係を保ち、新しい体育を普及していくことを学んでいった。

　事業終了後には、教育省は独自でワークショップやモニタリングを実施し始めたり、バッタンバン州では州独自で地域トレーナーを活用してのワークショップ・モニタリングが実施されたりと自立に向けた取り組みが見えている。このような取り組みが他の州でも広がり、新しい体育が全国で広がるよう教育省を中心にカンボジアが自立して歩き始めている。

※　*HG*カンボジア王国小学校体育科教育（*JICA*草の根技術協力事業）

第一フェーズ：二〇〇六年二月～二〇〇八年二月に実施。小学校の学習指導要領を作成・認定、同指導書案を作成。

第二フェーズ：二〇〇九年六月～二〇一二年六月に実施。学習指導要領、指導書案に従い、五州へ普及。ナショナルトレーナー六名が認定された。

第三フェーズ：二〇一三年四月～二〇一六年九月に実施。十五州への普及、追加六名のナショナルトレーナーの認定、三十名の地域トレーナーの認定

## 小学校から中学校、高等学校に

# ハート・オブ・ゴールドの体育事業の価値

溝江恵子　*MIZOE Keiko*

*JICA* 経済開発部農業・農村開発第一グループ　課長

私は国際協力機構（*JICA*）中国センターで二〇二〇年七月まで勤務しており、四年以上にわたり*JICA*草の根技術協力事業を通じてハート・オブ・ゴールド（*HG*）と協働させていただきました。*HG*と*JICA*の協働の歴史は長く、二〇〇六年に最初の*JICA*草の根プロジェクトが開始されてから約十五年になります。

体育教育の向上に取り組むプロジェクトをそばで見てきて、その姿勢に感銘を受けていました。カンボジアの体育教育関係者の意見を尊重しつつ率直に意見交換を重ね、共通理解を醸成し、プロジェクト目標の達成へ向けて二人三脚。プロジェクトの活動では、意識的にカンボジアの方々に任せるなど、時間も労力もかかりますが、根気強く行われていました。このような姿勢がカンボジア側のオーナーシップを向上させ、*HG*への信頼を高め、プロジェクトの持続性を高めたと思っています。

*JICA*中国センターは、日本の地域の方々に国際協力に関心を持ってもらう、参加してもらう、ということも重視しています。*HG*は地元岡山の方々を中心に様々な人を巻き込み、交流を深め、関わった方々の中から自ら行動を起こしてカンボジアのために活動される方も出てきました。その「巻込み力」の高さは、*JICA*も見習わなくてはならない点だと思います。

これから*JICA*草の根技術協力事業により一貫性のある体育教育や体育教育関係者の連携強化を目的とした協力が始まる予定です。充実した体育教育を通して、より多くのカンボジアの子ども達が自分の好きなことを見つけたり、可能性を広げたり、協調性や努力の大切さを学んだりする機会を持てるようになることを期待しています。

# SPORT FOR TOMORROW

## ―新しい体育による両国の架け橋―

河原　工　*KAWAHARA Takumi*
日本スポーツ振興センター*SFT*コンソーシアム事務局　ディレクター

SPORT FOR TOMORROW

日本政府が促進するスポーツ・フォー・トゥモロー（*SFT*）※プログラムの一環として、日本スポーツ振興センターがハート・オブ・ゴールド（*HG*）に委託し、カンボジア中学校体育の学習指導要領作成支援を頂いたことを大変嬉しく思っている。学習指導要領はカンボジアの大臣にも認定され、完成した。カンボジアの未来を創ることに貢献した、*SFT*の代表的な事業である。

私も現地での式典に参加させて頂いたが、*HG*が、現地の政府関係者、教育関係者、現場の先生達から大変な信頼を得ていることが分かった。これは、マラソンに始まり、障がい者スポーツ、学校体育と長年カンボジアでの地に足のついた活動を続けてこられた賜物であると確信している。

また、*HG*が小学校、中学校、高等学校の体育科学習指導要領の支援に一貫して携わったことは大変な効果があったと思う。ともすれば人の異動がある政府機関のカウンターパートとして、*HG*が政府関係者に助言やサポートすることで、一貫性・統一性をもった内容になったと考えられる。

日本の教員養成の状況を学ぶためにカンボジア政府一団が自身の予算で来日した際のワークショップに私も同席したことがある。大変熱心な態度で学ばれていた。カンボジアの国の状況からして予算措置も簡単ではないはずである。このようにカンボジア政府が日本を選んだということは、オールジャパンとして大変嬉しいことであり、両国との関係において*HG*が重要な役割を果たされているのは言うまでもない。

今後とも、カンボジアの皆様に愛される組織としてご活躍されることを祈願している。

※　スポーツ・フォー・トゥモロー（*SFT*）：二〇一四年から東京二〇二〇オリンピック・パラリンピック競技大会を開催する二〇二〇年までの七年間で開発途上国を始めとする百カ国・一千万人以上を対象に、日本国政府が推進するスポーツを通じた国際貢献事業。世界のよりよい未来をめざし、スポーツの価値を伝え、オリンピック・パラリンピック・ムーブメントをあらゆる世代の人々に広げていく取組み。

chapter 3

# 中学校にも広がる新しい体育

西山直樹　*NISHIYAMA Naoki*
ハート・オブ・ゴールド　理事
ハート・オブ・ゴールド東南アジア事務所　所長

二〇一四年スポーツ・フォー・トゥモロー（*SFT*）事業として戦略的二国間国際貢献事業が募集されるとの案内が届いた。当時は*JICA*の草の根技術協力事業の小学校体育科教育支援事業が第三フェーズ中という事もあり、人員的には厳しい状況であったが、この機会を見逃す手はないと思った。

一九九八年の設立以降、スポーツを通じた国際協力を中心に活動を展開しており、*JICA*の草の根技術協力事業でも高い評価を頂けていたという認識があった。小学校に続いて中学校の事業展開を考えており、カンボジア教育省側からも中学校体育も支援して欲しいという要望が届いていた。

募集の開始に合わせて、日本スポーツ振興センターと相談しながら申請書を書きあげた。まず最初は三か月の調査事業。中学校の学習指導要領を作成するための調査として、カンボジア二州での中学校体育の現状調査、日本においての日本の中学校の学習指導要領の調査、日本からの専門家を呼んでのカンボジアでのワークショップを組み込んだ。

二〇一五年一月から三月に事業を開始し、学習指導要領の方向性が見えた。一方で、*SFT*事業の継続事業の見通しがつかず、継続案件を開始できたのが十月と遅れた。二〇一六年十二月までに事業を終了させるべく、急ピッチに活動を計画した。カンボジアでのワークショップ、専門家の招へい、

写真　ISHIKAWA Masayori

タイ・シンガポールへの研修、毎月二〜三の活動が盛り込まれた。教育省十二名がそれぞれ異なる箇所の学習指導要領の執筆を担当したため、全体の一貫性の統一に時間がかかった。また、教育省大臣の承認手続きにも二か月ほどかかるため、二〇一六年十月までに完成させる必要があった。

ぎりぎりだった。教育省も手続きを急いでくれ、十一月上旬に完成。十二月に大臣の承認が下りた。二〇一六年十二月二十一日の完成式典には日本側は、文部科学省の義家弘介副大臣、在カンボジア日本国大使館の堀之内秀久全権大使、*JICA*カンボジア事務所の安達一所長、日本スポーツ振興センターの河原工ディレクター、日本体育大学岡出美則教授、ハート・オブ・ゴールド有森裕子代表理事、カンボジア側からも教育省ハン・チュオン・ナロン大臣が出席し盛大に開かれた。ワーキンググループメンバーの安堵とともに、改めて手にした自信に溢れた表情は一生の思い出である。

# わかりやすい指導書を
## —補助教材の作成—

ケオ・ソチェトラ　*KEO Sochetra*
ハート・オブ・ゴールド東南アジア事務所　サブ・プロジェクトマネージャー

写真　ISHIKAWA Masayori



ハート・オブ・ゴールド（*HG*）は二〇一六年に学習指導要領が認定されたことを受けて、二〇一七年一月から二〇二〇年九月まで、*JICA*草の根事業として、カンボジア教育省と協力し、中学校体育科の指導書作成とカンボジア国内の中学校への体育普及を始めた。

計画では二〇一八年九月に中学校の体育指導書を完成させる予定だったが、予定していた二〇一八年に指導書の作成を終わらせることは、技術委員会にとって難しいこととなり、二〇一九年九月に延期することにした。

延期した理由としては、カンボジアは二〇二三年の第三十二回東南アジア大会（*SEA*ゲーム）の開催国となっているため、全国規模のナショナルゲームが開催されたこと、各州のスポーツアカデミー等、スポーツ大会の改革が必要となったことが挙げられる。

また、二〇一八年七月にカンボジア国政選挙があり、国中の様々な活動は影響を受けることとなった。

さらに、私達はイラストについての問題にも直面した。体育の概念を知っているイラストレーターを見つけることが大変だった。

最後に、指導書が認定される過程でも時間がかかった。カンボジア教育省の全ての学習指導要領、指導書、教科書等はカリキュラム開発局（*DCD*）に提出し、許可を得なければならない。*DCD*は教育省の全ての本を確認、編集、承認し、公式に印刷するための教育省内の専門局であるが、DCDに体育を理解している人はいなかった。そのため、私達は体育指導書に書かれている内容全体を*DCD*に説明しなければならなかった。

そしてついに二〇一九年九月、教育省大臣から中学校の体育科指導書の認定を受けることができた。二〇二〇年四月上旬、教育省は自前の予算で約一万六百冊の指導書を印刷し、州と郡の教育局を通して、全千七百十六校に配布した。その後*HG*はコロナ禍において、モニタリングに行けなくなったため、活動を急遽変更した。先生達が少しでもわかりやすい指導書の解説文／参考書の作成や、中学生向けの、オンライン授業（リズム運動）のコンテンツ作成、そして、私が通訳として、体育科教育を始めたときから一つひとつ、日本語、英語、そしてクメール語にしてきた体育用語を一冊にまとめた。二〇二〇年九月にこの事業を終了した。

# 「スポーツ」から子どものための「体育」へ

プレアップ・ブッティーラー　*PREAP Vuthear a*
国立体育・スポーツ研究所スポーツ科学リサーチセンター　センター長

まず初めに、教育・青年・スポーツ省（教育省）関係者、*JICA*、ハート・オブ・ゴールド（*HG*）、カンボジアの体育スポーツの発展に関わってくださっているすべての人に感謝したい。

私はカンボジアの中学校体育科学習指導要領作成に二〇一五年から関わっている。中学校体育科学習指導要領作成の研修として、二〇一五年二月八日から十八日まで学校体育・スポーツ局（*DPESS*）及び国立体育・スポーツ研究所（*NIPES*）の六名を含む、合計九名で東京・岡山を訪問した。文部科学省や大学では、学習指導要領と指導書を作成するためにはどのように、なにを調査するべきか勉強した。四つの中学校、一つの小学校では、生徒が主体的に休み時間から集まりウォーミングアップをしたり、教員と生徒が協力して、効率的に準備や片付けをしたりしていたことは大変勉強になった。

カンボジアでは体育とスポーツが一緒のものとして理解されており、*NIPES*でも体育の教員を養成する機関であるにも関わらず、今まではスポーツトレーニングを学んでいた。日本での研修やワークショップを通して学ぶ中で体育とは何か、スポーツとは何か、が理解できるようになった。そして、現場の先生が、年間計画や指導案の作り方も含めて、わかりやすく、使いやすい学習指導要領・指導書づくりに努めた。

*DPESS*と*NIPES*では、知識や経験の違いから、ワーキンググループ内でも議論となる事が多く、指導案の書き方や、独自で実施するワークショップの内容についても様々な意見が飛び交った。

しかし、全員が多くの意見の違いを超えて、カンボジアの子ども達が賢く、健康に過ごせるよう、特に体育を通して態度・知識・技能・協調性の四つの価値を身に付けることができるよう、学習指導要領・指導書作成に全力を尽くした。

今では、*HG*とのプロジェクトはとても楽しく、教育省の職員としてカンボジアの体育発展に寄与できたことはとても嬉しいことだ。

# JICA海外協力隊との効果的な連携

吉田清史 *YOSHIDA Kiyofumi*
JICAカンボジア事務所　企画調査員

*JICA*とハート・オブ・ゴールド（*HG*）との関りは、二〇〇六年に始まった草の根技術協力事業「小学校体育科指導書作成支援プロジェクト」に遡るが、特に*JICA*海外協力隊（協力隊）と*HG*との連携が強まってきたのは二〇一七年から始まった「中学校体育科教育指導書作成・普及プロジェクト」である。単に同プロジェクトのモデル中学校四校に協力隊を派遣するだけではなく、*HG*が開催する研修に協力隊員が同僚教員と共に参加することにより適切なアドバイスを得られ、現場で見えてくる課題を*HG*へフィードバックし次回研修の参考とされるなど、効果的な連携が行われている。

カンボジアに派遣される協力隊の多くは新卒や社会人経験が浅いため、年上を敬う文化の強い当国で年上の同僚教員達に対して、授業内容についての提案を行うことや教員自身に動いてもらうことは非常に神経を使う悩みの種であり、特殊言語の難しさも重なって現状把握と活動を軌道に乗せるまでに時間がかかっていた。しかし、協力隊赴任時に*HG*から体育教育の歴史と現状や各学校の状況について説明を受けることにより現状把握が早まり、また、*HG*の配属先視察やワークショップへの参加を通して同僚教員達とコミュニケーションが促進され、思っていたよりも早くに活動を軌道に乗せることができたという報告を受けている。

このような好事例を生み出したのは、ひとえに*HG*が積み上げてきたカンボジアとの信頼関係の賜物であり、長年に渡るその功績に敬意を表するとともに、この連携を継続、深化させて、更にカンボジアの体育が普及されることを期待したい。

# 新しい体育によって始まった創意工夫と努力

カン・サバン　*KONG Saban*
スヴァイリエン州バサック中学校　校長

ハート・オブ・ゴールド（*HG*）と教育・青年・スポーツ省のワークショップに参加した時体育教員のリッチ・ソブントゥーン氏が提出した報告書に体育を導入することが記載されていた。

『私はスポーツが大好きなので、体育は大好きな教科だった。しかし、今までは学習指導要領や指導書がなかったために、どのように教えたら良いかが分からなかった。体育の先生がワークショップに参加するたびに指導書の読み方を学び、新しい体育を導入していった。』

私の学校には体育の教員が二名いるが、一人はワークショップに参加し、一人は参加していなかった。そこで、体育の教員二名がお互いに相談し合うように指示した。これからの体育をどのように教えていくか、実際に教える体育の先生二人に任せることにした。

新しい体育に卓球もあるからということで、先生が考えて卓球台とラケットを学校にある黒板や机等を使って手作りした。体力テストも実施しなければいけないと責任をもって実施し始めた。

そんな先生の努力を*HG*は見てくれ、二〇一九年に雨天体育施設を建設してくれた。体育の授業だけでなく、いろいろな場面に利用することができている。バサック中学校は小学校とも隣接しているため、コミューン長とも相談し、木曜日には小学校の子ども達も使えるようにしている。

バサック中学校で体育の授業が普及しているのは、指導書があり、明確に分かりやすく教え方が記載されているからだと思う。私の学校が体育によって発展していることを州の教育年次会議でも発表したいと思っている。

# 教師の責任

## —ワークショップで学んだこと—

リッチ・ソブントゥーン　*REACH Sobuntheoung*

スヴァイリエン州バサック中学校　体育教員

ハート・オブ・ゴールド（*HG*）と教育・青年・スポーツ省のワークショップでは、毎回ワークショップの目的とゴールを説明してくれた。二回目に参加した時には、今までの体育と新しい体育の違いが明確に分かり、新しい体育についてよく学べたので、後はこれを実行に移すことだと思った。

確かに新しい体育を全て理解するのは難しいが、学生時代国立体育・スポーツ研究所（*NIPES*）で学んだことと、ワークショップで学んだことを力にした。まずは、指導書に書いてあることを一つずつ実施していった。年間計画はワークショップでも作成したので、それを参考にフィジカルフィットネスのレクリエーションと体力テストを実施した。卓球の授業のために、卓球台とラケットは学校にある黒板や机を使って自分で作製した。新しい体育は導入しているが、今でもまだ十五パーセントくらいしかできていないと思っている。

*HG*がモニタリングに来て、バサック中学校は新しい体育の導入に積極的に取り組んでいると評価され、雨天体育施設を建築してくれることになり、雨の日も体育を教えることが可能になった。

新しい体育は、教員が年間計画や単元計画、指導案を作り、生徒達が達成すべき目標をもって、授業に取り組めるように指導しなければならない。先生はそういった責任がある。そうすれば、生徒達は、新しい体育で知識や健康も身に付けることができる。

もし、どのように新しい体育を普及したら良いか分からない学校があれば、できる範囲で私も手伝いたいと思っている。

# 子ども達に笑顔をありがとう

## ―高等学校学習指導要領―

マン・ヴィボル　*MANG Vibol*
教育・青年・スポーツ省学校体育・スポーツ局　副局長

私は二〇〇六年からハート・オブ・ゴールド（*HG*）とともに小学校と中学校の体育科学習指導要領・指導書を作成してきた。次は高等学校の体育科学習指導要領も必要であると確信していたため、今までのように*HG*とのプロジェクトとしてではなく、我々だけで作成することを決めた。もちろん*HG*の協力をあてにしつつ。

教育・青年・スポーツ省（教育省）は小学校から高等学校まで十六教科を学ばなければいけない等を定めた指針となるシンガポールの教育方針をもとに、カリキュラムフレームワークを作成した。それによると学習指導要領は統一したフォーマットで作成しなければならない。

高等学校の体育科学習指導要領を作成するメンバーが集まったが、学習指導要領と指導書作成について知識や経験のある人材が少なく、初めはどんな学習指導要領を作成したらよいか、教員や生徒が体育を通してどんな知識を身に付けることができるか、など目的が明確ではなかった。私はもともと体育の専門家ではないので、一から学習指導要領を作成することはとても難しいことだった。今までは*HG*の指導の下作成してきたが、高等学校については我々だけで作成しようとしたため、何から始めればよいか困難を極めた。メンバーからはたくさんの種目を入れたいとの要望があったが、たくさん種目があると明確な目的を設定するのは難しい。また、それぞれ種目の担当を決めて作成したがその種目のルールや内容など詳しいことを知らないことがあった。小学校から中学校さらに高等学校まで一貫した内容になるような指導要領を作るのはとても難しいと感じていた。

また海外の体育についての調査が足りないと思い、*HG*に依頼し、二〇一八年（東京）、二〇一九年（岡山）日本の高等学校の体育を見学させてもらった。高等学校の学習指導要領は学年ごとに一冊ずつ作るか、三年まとめて一冊にするか等、メンバー同士の意見が合わず、言葉選びや文章作成に

chapter 3

はとても時間がかかった。写真を入れようとして撮った写真を見てみると、内容と合っていなかったり、アイデアも出なかったりとまとまりがなかった。学習指導要領を作る際には実際の現場の教員の意見が大切だが、教員が新しい体育の授業を見たことも、受けたこともないので現場の先生達の意見はもらえなかった。また我々から教員に対するフィードバックも足りなかったと感じた。専門家もほとんどいない状況で、最終的には*HG*に相談した。

岡出先生始め、西山氏、チェトラ氏の協力により、私達は高等学校の学習指導要領を作成するという新たなスキルを身に付けることができた。学習指導要領は無事に教育省より認定され、全国の高等学校に配られた。カンボジアで小学校から高等学校の体育支援をしてくれた*HG*にはとても感謝している。以前の私はただの真っ白いキャンバスだったが、二十年の間にたくさんの知識を得て、経験をしたことがいろいろな色をつけ、たくさんの絵が描かれているキャンバスとなった。最後に*HG*はいつもカンボジアの子ども達と私達に笑顔を与えてくれて本当に感謝している。ありがとうございます。

# 利用される　学習指導要領・指導書

## ―小学校から高等学校まで―

西山直樹　*NISHIYAMA Naoki*

ハート・オブ・ゴールド　理事

ハート・オブ・ゴールド東南アジア事務所　所長

　私がカンボジアに赴任した二〇一二年には二〇〇七年に教育省大臣により認定された小学校体育科の学習指導要領があった。カンボジア教育省がハート・オブ・ゴールドと協働で作成したものであるが、私の中ではいくつかの疑問があった。なぜ水泳が入っているのか、跳び箱等は実際に実践できるのか、保健領域はどのようにとらえられているのか。私の前任の山口拓氏とも何度か話をしたことがあった。カンボジア教育省側が最終的にそのように判断したということであった。今ではカンボジア側の自立を促すためには必要な手法であったと思う。

　私の赴任後、二〇一四年に小学校の指導書、二〇一六年に中学校体育科の学習指導要領、二〇一九年に中学校体育科の指導書、二〇一九年の高等学校体育科の学習指導要領がそれぞれ教育省大臣により認定されており、プロジェクトの内容は異なれ、いずれの文書作成にも関わってきた。全ての原点は小学校の学習指導要領にあり、それに沿った提言・助言をしてきたつもりではいる。

　小学校指導書では実際に教えない保健領域は省かれ、水泳も記載されなかった。当時は私も赴任後間もなく、仕方のないこと

に思えた。今では、それが今後の改訂課題になっていると思う。中学校学習指導要領では、当初水泳の導入に反対した。しかし、教育省側の水難事故を無くすため水泳指導ができる先生を増やしたいとの要望を受けて、選択制として合意した。

私は、学習指導要領はシンプルであることが重要だと考えている。カンボジア全国の教員が理解しやすいものでなければ読まれないし、利用されないからである。今、小学校から高等学校に至る各種の文書が作成された中で、全ての一貫性を検討する作業が一番難しかったと言える。一貫性を整えるためには、その背景にある現場の状況、教員のレベル、法的文書、教育省担当官の認識レベル等をすべて認識しておく必要があった。それでも不十分であったかもしれない。しかし作成された文書がカンボジアの全国の教員にしっかりと読まれ利用されるまで体育の普及を続けたいと思う。でなければ支援の意味がなくなってしまう。

体育の授業を受けたことがない先生達が、学習指導要領や指導書を読み、活用し、良質の体育の授業を教えられるようになること、そして全国のより多くの子ども達が真剣な表情、楽しそうな表情で体育の授業を受けられることを願っている。

四年制体育大学開校

# カンボジアの体育・スポーツの発展

坂本晃一 *SAKAMOTO Koichi*
在カンボジア日本国大使館　二等書記官

カンボジアは内戦で教育資本のほとんどを失っており、教員も学校も何もないところから教育再建を進めてきた国である。二十年前は、体育がまだ教育科目としての認識さえされていなかった頃だ。そのような環境下で活動を開始し、カンボジアの教育当局関係者に体育科教育の重要性を伝え、体育科教育の普及・発展を目指し、彼らと共に歩んでこられたハート・オブ・ゴールド（*HG*）の皆様のこれまでの活動と熱意に心より敬意を表したい。

二〇一九年からは、外務省の日本NGO連携無償資金協力※による「カンボジア王国　国立体育・スポーツ研究所（*NIPES*）体育科コース　四年制大学化プロジェクト」を通じ、四年制体育科コースの創設、

体育科教員養成カリキュラムの策定、指導書の整備等にご尽力されてこられた。カンボジアの体育科教育分野において深い知見を持つ*HG*による同事業の実施は、カンボジアの体育科教育の質の向上に大きな役割を果たすものと信じている。

二〇二三年にはカンボジアは初めてホスト国として東南アジア競技大会の開催を控えており、今後、スポーツに対するカンボジア国民の熱はますます高まっていくものと見込まれる。学校でスポーツの楽しさを知った子ども達が健やかに成長し、また、今後より多くのカンボジア国民が生涯を通じてスポーツに親しみ、健康で幸せに暮らしていくために、*HG*のさらなる活躍を期待している。

二十年を超え、*HG*ならびに会員の皆様の益々のご発展を心より祈念し、お祝いの言葉とさせていただきたい。

※ 日本*NGO*連携無償資金協力：日本の国際協力*NGO*が開発途上国・地域で自主的な企画・実施する国別開発協力方針等の日本の*ODA*政制の内容に沿う経済社会開発事業に対して、外務省が政府開発援助資金を供与するもの。

# NIPESの四年制大学改革

## ―新しい体育教育の担い手の育成―

手束耕治　*TEZUKA Koji*
ハート・オブ・ゴールド東南アジア事務所　副所長

二〇一七年からカンボジア教育・青年・スポーツ省（教育省）は教育改革を進め、*ASEAN*基準（すべての教員が学士〈四年制大学卒業〉を取得できるようにすること）に合わせるため、*JICA*の支援を受けて四年制の教員養成課程を設立しようとしている。しかしながら体育科については、二年制課程で中学校・高等学校の体育教員を養成する国立体育・スポーツ研究所（*NIPES*）しかなく、支援団体もなく四年制にするためにはカリキュラム等のシステム構築、人材育成、施設整備等、多くの課題を抱えていた。

そこで教育省は十年以上にわたりカンボジアの小・中学校体育科教育の発展のために活動してきたハート・オブ・ゴールド（*HG*）に協力を求め、他教科の教員養成大学と同様に一貫性のとれた四年制体育大学を設立することを目的として、二〇一九年一月より外務省の日本*NGO*連携無償資金協力による「カンボジア王国　国立体育・スポーツ研究所（*NIPES*）体育科コース四年制大学化プロジェクト」が開始された。このプロジェクトには、*NIPES*が四年制体育大学として運営を進めるためのカリキュラム構築、教員及び運営スタッフの人材育成、スイミングプール建設、察改修が含まれている。

まず最初に取り組んだことは、*NIPES*の全ての教職員に四年制体育大学とは何か、設立のために何が必要かを理解してもらうために、日本から筑波大学山口拓助教、日本体育大学岡出美則教授、茨城大学吉野聡教授、さらにはマレーシアからプトラ・マレーシア大学リアン・イー・コック准教授を招へいして、四年制体育科コースを開設するために必要な体育科カリキュラム、アドミッション・ポリシー、体育科コー

ス運営ハンドブック、キャリアプラン、評価ポリシーを作成するための研修会を開催し、これらを作成した。さらに*NIPES*教職員の能力向上のために日本やタイの大学の実際の体育科授業を視察した。また、施設面ではプールの建設を行った。

　四年制体育科コースの基盤が整ったので、*NIPES*自身がしっかり運営、改善していくことができるように支援する。人材育成の面では、体育関連の修士課程に進む*NIPES*スタッフのために、タイ、マレーシアの大学と覚書を締結する計画である。施設面ではプール周辺建屋、ジム・ルームの建設、ジム機材の整備、学生寮の改修を行い、マニュアルに従って運営できるようにしていく。そして、*HG*と*NIPES*で始めている「国際センター構想」により、世界とカンボジアをつなぐ人材育成と交流が進むよう尽力したい。

　最後に*NIPES*の四年制中・高等学校体育科教員養成課程が大学運営基準に従って運営され、学生の皆さんが現行の学習指導要領に沿った体育を教えるために必要な領域・種目を履修し、カンボジアの学校教育現場で新しい体育を普及できるように願っている。

# カンボジア初の四年制体育大学

ケオ・ソチェトラ　***KEO Sochetra***
ハート・オブ・ゴールド東南アジア事務所　サブ・プロジェクトマネージャー

カンボジア国内の小・中学校の教員は、小学校教員養成校（*PTTC*）と中学校教員養成校（*RTTC*）で学び、養成されている。しかし、*PTTC*と*RTTC*は二年制のプログラムとなっていた。

体育の中・高等学校教員だけは、国立体育・スポーツ研究所（*NIPES*）で養成している。

二〇一七年、カンボジアは教育システムを改革した。特に、教員養成のプログラムが二年制から四年制の教育学士プログラムに変更されることが決まった。

二〇一八年、プノンペン州とバッタンバン州に、*PTTC*と*RTTC*を合わせた四年制の教員養成大学（*TEC*）が二校設立された。それに伴い、*NIPES*も四年制の大学となることが決められた。当然*HG*は二〇〇六年から小・中・高等学校の体育科学習指導要領・指導書作成を教育省と連携して進めてきたことから、教育省から*HG*に*NIPES*の四年制大学改革への協力依頼があった。

*HG*は教育省の学校体育・スポーツ局と二〇〇六年から連携を続けてきている。カンボジアでの体育の専門組織となり、教育省は*HG*を省のパートナーとして依頼する

こととなった。

四年制大学開校に向けて、カリキュラムフレームワーク、シラバスなどの基盤整備に取り組むことは、我々にとって簡単なことではなかった。

小・中学校での学習指導要領や指導書は作成してきたが、それらは総授業時間数の中の授業として考えられている。一方大学のカリキュラムは卒業までに必要な学問を、単位数で考え、シラバスを作成するという、初めての作業となった。これらは、今までの十五年間の数えられないほどのワークショップでの学びと、日本からの専門家のサポートを受け、プロジェクトマネージャーと共に創り上げたものである。

現在*NIPES*は私達が協力し作成したカリキュラムフレームワークとシラバスに沿って、ひとまず授業を始めている。これらを使ってみた上で、先生達がよりよい講義を行えるようになるために、教員養成大学と再度、改訂をしていきたいと願っている。

私の学生時代は体育の授業は、軍事訓練だった記憶がある。私の子ども達に本当の体育を受けさせられると思うと、今までの苦労は、大きな喜びと誇りとなっている。この事業に関わることができて、本当に幸せだ。

# スイミングプール建設

ソー・サミー　*SO Samy*
ハート・オブ・ゴールド東南アジア事務所　建設エンジニア

国立体育・スポーツ研究所（*NIPES*）のスイミングプール建設は長さ二十五メートル、幅十五メートル、深さ一・四メートルという計画の下進められた。このプロジェクトの目的は*NIPES*にスイミングプールを建設し、新しい体育の内容を教えられる教員を育成する環境を整えることにあった。プール建設は二〇一九年三月八日に開始し、九月十五日に完了した。

このプール建設プロジェクトはハート・オブ・ゴールド（*HG*）東南アジア事務所長の西山氏とRT ENC Engineering建設会社（現TR D&C CO.,LTD）のコーン・ヴァントン氏、当時*NIPES*の所長をしていたテアム・アンケーラー氏との三者の契約により始まった。私は建設エンジニアとして建設現場を視察し、会議に出席し、建設が計画通り進み、問題があった時解決に向けて動くなどの専門家として働いた。

二〇一九年一〇月五日に*NIPES*のスイミングプールは、マネジメントワークショップを終了した後、正式に*HG*から*NIPES*に譲渡した。

今後も、三年計画の事業である「*NIPES*プロジェクト」の建設部門（スイミングプール、フィットネスルーム、寮改修の設計図や、精査や見積もりの取り付け進捗管

理など）のために携わっていく。

日本の人々、日本政府、*JICA*、*HG* には、体育分野、特に子ども達を水の事故から守るスイミングプールの資金支援や技術支援をして頂き、誠に感謝している。スイミングプールは *NIPES* の学生や子ども達にとっても、とても有用であるだけでなく、たくさんの建設スタッフの雇用も生んだ。二〇一九年六月四日に *HG* の代表理事である有森裕子氏も現場に視察に訪れてくれ、とても感慨深かった。

# 二十一世紀の子ども達に教える事

## —態度、知識、技能、協調性—

ペック・コンキア　*PECH Kongkea*
教育・青年・スポーツ省国立体育・スポーツ研究所　教員

ハート・オブ・ゴールド（*HG*）との協力の下、二〇一九年一月から国立体育・スポーツ研究所（*NIPES*）の二年制から四年制大学に向けての改革が始まった。

*HG*からシラバスを含めたカリキュラムフレームワークの作成、クレジットシステム※導入等、海外の大学との標準化を図ることを学んだ。また、人材育成も積極的にサポートがあり、運営ハンドブックや各資料の作成の仕方も指導があった。

ハード面では、初めてのスイミングプールや体育用具等、たくさんの支援があった。おかげで、学生達は水泳の指導法を習うことができて、水の事故が多かった子ども達を助けることができるようになるだろう。

また、ソフト面では、*NIPES*の四年制コースのカリキュラムフレームワークの内容や、シラバスの作成の仕方だけでなく、実際の中学校の教員が体育授業を教えるための学習指導要領や指導書の内容、授業の評価の仕方も学習ができた。*NIPES*では、今までに、どのように体育の教員の授業を評価すれば良いか教えていなかったが、指導案に記載した授業の「態度、知識、技能、協調性」の目標を教えているか、授業が指導案通りになっているか、評価基準も指導書に記載されているため確認できるようになった。*HG*は学校に行く時やワークショップで、そのような評価方法を丁寧に説明してくれた。体育授業の評価の仕方を教えてくれたことにより、今まで*NIPES*内の「教員養成」だけを考えていた視点から、二十一世紀のカンボジアの子ども達に体育を通して、自分自身で考えられ、想像力を豊かにし、勇気をもって人に尋ねることができる人になるよう高い指導目標を持つことができた。教員は多くのワークショップを通じて、子ども達に「知識、技能、態度、協調性」を教えていくことを、はっきり認識でき、学べたと感じている。

これからも*HG*と教育・青年・スポーツ省が協力し、質の高い教員となるためにたくさんの知識を教えてくれることを心より願っている。

最後に*HG*の今までの*NIPES*への協力について、改めて心から感謝したい。

※　クレジットシステム：単位システム制度（一単位を授業、予習、復習を含む学習時間とした科目履修制度）

# 体育で世界とつながる

## —国際センター構想—

西山直樹　*NISHIYAMA Naoki*
ハート・オブ・ゴールド　理事
ハート・オブ・ゴールド東南アジア事務所　所長

二〇一九年*NGO*連携無償資金協力事業により進めてきた国立体育・スポーツ研究所（*NIPES*）の四年制大学化事業によりカンボジアに初の体育科四年制大学が設置された。一方で、教員の質、プログラムの運営方法等についてはまだまだ課題が残っている。

四年制のプログラムは作成されて間がなく、二〇一九年十二月より一年生が入学したばかりである。また、プログラムが作成されるとともに、教員の質も向上しなくては、教える内容は向上しない。カンボジア国内では、*NIPES*より高等な体育・スポーツ教育を受けられる大学はないため、国外の大学との連携が重要になる。

教育省は、本来スポーツの向上（競技力向上）を目指しており、スポーツ科学でキューバ、ベトナム、ロシア等で修士を取得した人材はいる。一方で、体育学部での修士を取得している人材は皆無であり、これからは海外のそのような学部との連携が重要になってくる。

今後、海外の大学との調整を進め、大学への留学、学生の受け入れ、他大学との共同研究等、*NIPES*の質を高め、研究を進める必要がある。そこで重要になってくるのが*NIPES*内での国際センターの役割である。ハート・オブ・ゴールド（*HG*）は教育省の意向を受けて、*NIPES*局長フー・シティソピーライ氏と構想を進めている。

「体育」という小・中・高等学校での授業を中心に、それらを教えられる教員の養成、科学的な根拠を基に教えていくための研究機関、*NIPES*の質の向上等全てが連動して動いていく必要がある。

「ローマは一日にして成らず」という言葉があるが、まさに今日、明日、一年や二年で変化が見えるものではないかもしれない。しかし、一日一日の積み重ね、一年一年の積み重ねが十年後に、カンボジアが世界に誇れる体育システムを構築させると信じている。その積み重ねを教育省、州・郡の教育局、学校の先生方、そして子ども達、保護者と日々育てていけることは何よりの楽しみである。

# 世界に開かれたグローバルな体育大学をめざして

フー・シティソピーライ　*HOU Sitthisophealai*
教育・青年・スポーツ省国立体育・スポーツ研究所　局長

国立体育・スポーツ研究所（*NIPES*）はハート・オブ・ゴールド（*HG*）の協力により二〇一九年から四年制大学となるプログラムを開始した。現在のプロジェクトは三年間を予定しているが、プロジェクトが終了した後も継続的に改革に時間がかかると思っている。*NIPES*はまだ多くの課題を残しており、現在四年制のプログラムと並行して行われている二年制プログラムのカリキュラム、単位制の改訂にも取り組んでいく必要がある。施設についても寮の改修や教室の増築等も行っていかなければならない。また、四年制の学士課程は開始されたが、修士課程や博士課程とさらに上を目指していきたいと考えている。

*HG*と協力するようになり、日本体育大学との連携が強化され、アセアンの体育学会に参加したり、タイやシンガポールの大学と連携したりと*HG*は連携パートナーとして多くのことをもたらしてくれている。これらの海外の大学と連携することは*NIPES*の先生達が将来的に学士や修士を取れるようになることにもつながる。私はこのような連携を通して、*NIPES*をアジアにとって有数な体育大学にしていきたい。そのためにも今後は「*NIPES*国際センター」を通してアセアンや日本の大学と

の協定の締結にも力を入れていきたい。世界に開かれた、グローバルな大学となるためにも、今後も*HG*に協力をお願いしたい。

二〇一九年には、*HG*代表有森裕子氏に*NIPES*の名誉教授になっていただいた。

カンボジアに来られる際には、さらなる向上のためのアドバイスを頂き、学生達に特別講義をお願いしたい。

これからも*NIPES*と*HG*のお互いの発展を期待している。

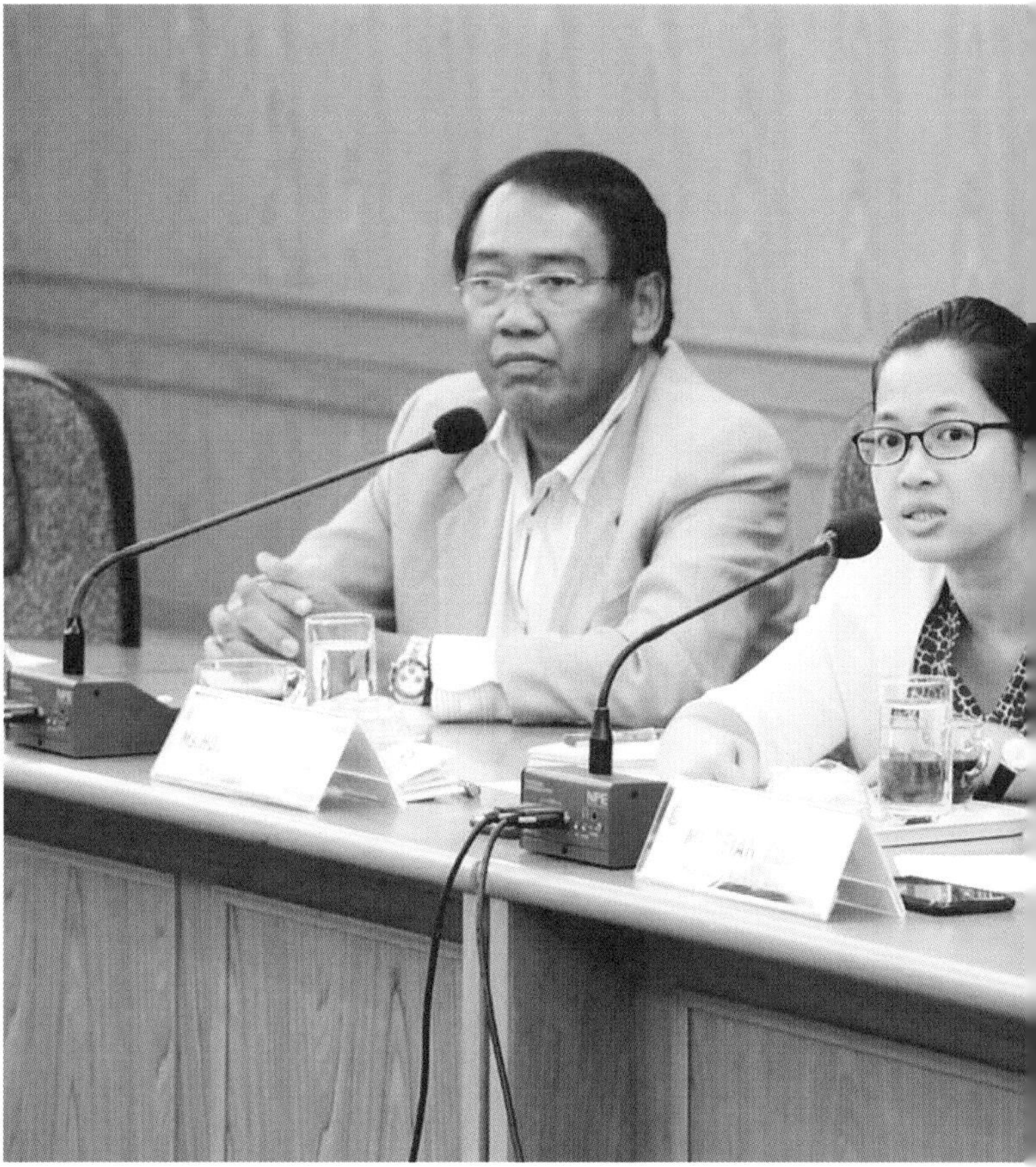

これからの体育の可能性

# カンボジア体育の未来


## 岡出美則 *OKADE Yoshinori*

日本体育大学スポーツ文化学部　教授


　カンボジアでのプロジェクト展開に際し、ハート・オブ・ゴールド（*HG*）のような*NPO*が、国レベルのプロジェクトを展開できるのかという指摘があったことを、伺っていた。結果的にその不安は杞憂に終わったことになる。その理由は、次のように考えられるのではないか。

　カンボジアプロジェクトでは、学習指導要領と指導書を作成する人物とその普及を担う人物が同一になるシステムが取られた。それは、作成した人物が普及に関わり、十年先には作成した文書の改訂に関わることを前提とした計画だった。プロジェクトがスタートしてすでに十五年近い時間が経つが、このシステムは、カンボジアでは効果的に機能しているように思う。これは、課題に責任と誇りを持てる人材を長期的に育成するという方針に基づくものであったといえる。他方で、立ち上げに関わった人達がその仕事に従事し続けると、次の担当者を育てにくいという状況が派生する。カンボジアでは、ナショナルトレーナーの認定制度を入れ、現担当者が後継者を支援するシステムも導入された。さらに、大学、行政の関係者との定期的なネットワーク構築が地道に展開された。

　他方で、政権交代や担当者の部署代えで、事業の継続性を担保できなくなることは多いのだが、*HG*がこの継続性を担う組織として存在していたことも事業の展開にとっては重要であったと感じている。

　事業を担う多様な人材を育成し、ネットワーク化していくことの重要性を、カンボジアの例は端的に示している。このような方略は、どこの国でも効果的であると感じている。


## 西山直樹 *NISHIYAMA Naoki*

ハート・オブ・ゴールド　理事

ハート・オブ・ゴールド東南アジア事務所　所長


「カンボジア体育の未来」との題でまず頭に思いついたのが、カンボジアの全国の子ども達が、体育を通して「知識・技能・態度」を学び、楽しんで体育の授業に取り組んでいる姿である。

　このイメージを実現するためには、まずは教員が学習指導要領の内容を理解し、それぞれの学校・生徒の状況に合わせた体育の授業を実践していく必要がある。すぐにそれが実現可能かと考えるとそれもなかなか難しい。教員がそのような体育を教えることを習っていないからである。そうなると、教員養成の状況を改善する必要がある。小学校の教員養成は現在、十八州にある小学校教員養成校で行われている。そのうちプノンペン都とバッタンバン州では、四年制になり始めている。中・高の体育教員養

成に関しては、プノンペン都のNIPESで行われており、ここもハート・オブ・ゴールド（HG）との協力で現在四年制がスタートした。これらの教員養成校の状況を向上させていくことも大変重要である。

現場の学校での指導、教員養成校の質の向上等、課題はまだまだ残っているが、着実に歩み始めているというのが現在の状況である。未来をイメージできることは何より楽しい。遠い将来を見据えながら近い将来の課題に着実に取り組んでいく。HGは体育科教育支援事業をいつまで続けるか、教育省が継続して体育の質の向上、普及に取り組み、学校の先生達は質の高い体育を教える未来を信じる。信頼を築き、「共に育つ」事業を進め実践してきた。そして、これからも続けていく。

アンコールワット国際ハーフマラソンから続けてきた事業が体育事業へと移行し、体育事業も小学校から始まり大学まで展開することができた。より多くの関係者を巻き込み、より多くのネットワークが構築された。カンボジアの体育はそんな温かいネットワークに見守られているような気がする。お互いが支えあい、お互いが助け合うことで世界に誇れる体育となるよう寄り添いたい。

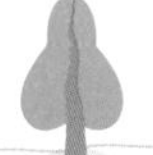

## 国際理解交流活動

## 子どもの自立

### ESD、そして SDGs を目指す

日本国内で、学校が取り組んでいる SDGs 総合的な学習や、国際理解教育、ボランティア活動などに協力。子ども達が、世界の現状（貧困・環境・平和など）に目を向け、グローバルな視点から国際理解（異文化理解）を深めると共に、多様性の共存や持続可能な社会について考え、自己理解の一助となるような活動を行っている。

具体的には、出前授業、現地との交流（オンラインを含む）、現地訪問、物資支援などの実践を行っている。

### 養護施設運営

New Child Care Center（NCCC）

孤児、または家庭で養育が困難な子どもを保護し、衣食住と義務教育を保障し、安心して生活できるセンターとして、子ども達の自立、または家庭復帰まで養育を行う。

子ども達は「自分がしっかり守られている」実感を持ち、希望を持って夢の実現に向かって歩んでいる。

ハート・ペアレント（里親制度）と寄付により運営している。ハート・ペアレントには、現地より年間 2 回の報告と、子ども達からメッセージカードや年賀状が届く。支援した結果が、子どもの成長として実感できる。

### 日本語教育

当初は、貧困家庭の子どもが、日本語を学ぶことによって、ホテル、レストラン、ガイド等の仕事に就ける可能性が高かったため、日本語教育の希望が寄せられた。

公立チェイ小学校内に教室を建設し、2001 年から無料の日本語教室を始めた。2007 年からは、岡山学芸館高校の協力によって、1 年間の留学制度をスタートした。

2016 年には、青年対象の日本語講座をビルド・ブライト大学内に開講し、2019 年に「HG ももたろう日本語学校」を開校した。現在は、HG の日本語教室の卒業生達が、日本語教師となって活躍している。

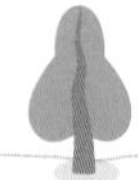

# ハート・オブ・ゴールドの活動概要 2021.3 現在

## スポーツを通じた開発

### アンコールワット国際ハーフマラソン（AWHM）

1996 年に地雷廃絶と被害者を支援するためにスタートし、1998 年の団体設立から本格的に、競技運営、資金調達、参加者募集、事務・会計処理など、将来カンボジア人により国際認定の大会開催が可能になるよう、現地スタッフの育成に力を注いだ。2013 年の第 18 回大会にすべての運営をカンボジア側に移譲。第 1 回 16 カ国 645 人から、2019 年には 85 カ国 12,000 人を超える参加者となった。

### 青少年・指導者育成スポーツ祭

2001 年から AWHM にあわせ「青少年レクリエーションスポーツ祭」を開催。後に、指導者育成も取り入れイベント型支援事業を実施し、体育を学校教育の中に位置づける事業に発展した。

### 障がい者陸上の振興

AWHM への参加奨励をはじめ、毎年同大会の上位入賞者を「有森賞」として、かすみがうらマラソンに招へいし、海外のマラソン大会への参加機会を与えている。

2017 年からは、パラ陸上競技会を開催し、あわせて日本の専門家によるワークショップを実施することで、選手の競技力とコーチの指導力向上に寄与している。更に、組織基盤の強化支援も行っている。

障がい者がスポーツによって、健康になり、仲間ができ、自信を持つことで社会とかかわるようになることを目的としている。

## 体育科教育

義務教育

### 小学校／中学校体育科教育

（JICA 草の根技術協力事業）
（スポーツ・フォー・トゥモロー事業）

2006 年より教育省と共に、小学校学習指導要領・指導書の作成から始めた。中央・地方行政官の育成、教員養成校や小学校での研究授業とモニタリングを進め、モデル小学校 33 が認定され、モデル教員養成校も 10 となり、2016 年には 100 校以上で新しい体育が実施されている。地域の人達を巻き込んで実施する運動会も増えている。子ども達の「豊かな心と健やかな体作り」を目指す。

2015 年からは中学校の体育科教育に着手し、学習指導要領（2016）、指導書（2019）が教育省により認定された。中学校は、7 領域 20 種目と様々なスポーツ経験を通して、「態度、知識、技能、協調性」を学ぶことができる。

2021 年から「PE for ALL」としてすべての子ども達に体育授業が届けられるよう活動する。

専門家育成

### 中高体育科教員養成大学

（日本 NGO 連携無償資金協力）

教育省による教育改革において、ASEAN 基準に合わせ、すべての教員が学士（4 年制大学卒業資格）を取得できるよう、教員養成課程を 4 年制の移行に取り組んでいる。

体育科については、2019 年より、2 年制課程で中学校・高等学校の体育教員を養成していた国立体育・スポーツ研究所（NIPES）を 4 年制に移行するための支援を開始した。カリキュラムの開発、教員・マネジメント人材の育成及びプールの建設をし、2022 年まで、専門家育成、及び体育施設を整備していく計画である。

# 障がい者に「希望と勇気」を

米山遥香 *YONEYAMA Haruka*
ハート・オブ・ゴールド東南アジア事務所　プロジェクト・オフィサー

ハート・オブ・ゴールド（*HG*）の障がい者スポーツ支援事業はアンコールワット国際ハーフマラソン（*AWHM*）で対人地雷により手足を失った被害者・子ども達のためのチャリティーマラソン大会として始まった。

*HG*は彼らと交わる中で、死も考えたことがある障がい者が多く、貧困や差別を乗り越え、仲間と繋がり「希望と勇気」を持てるために、スポーツを通して応援したいと二十年以上活動を継続している。

**一九九八年から**

・プノンペン及び他州から毎年十二月に行われる*AWHM*へ参加できる仕組みづくり
・大会参加に向けて、毎週土曜日にマラソントレーニングの実施
・カンボジア障がい者陸上連盟（*CDAF*）組織強化

**二〇〇六年から毎年**

・*AWHM*の上位入賞者を日本のかすみがうらマラソン大会に招待

これらの活動から、スポーツをする障がい者が増えてきた。そして、国の代表として、国際大会やパラリンピックに出

場するパラ選手も出てきた。しかし、毎回出場しているものの、特別枠での出場となっている。専門的知識を持った指導者がいない、道具が手に入らない、国内での大会がない等の問題があり、選手強化の環境が整備されていないため、国際大会への正式出場がむつかしい状況が続いている。そこでコーチ育成とパラ競技人口を広げるためにパラ陸上競技会開催の準備を進めた。

### 二〇一七年から

・パラ陸上ワークショップ開催。日本パラ陸上連盟理事長三井利仁氏、及び日本大学の近藤克之氏を招へいした（スポーツ・フォー・トゥモロー事業）

・第一回パラ陸上競技会を開催

　競技会を定期的に開催することにより、大会経験を積み、選手のモチベーションを上げ、また多くの障がい児・者に見に来てもらい、パラスポーツを知ってもらうための啓発の場として位置付けた。

・パラキャンプとしてコーチ及び選手を日本へ招へいし、日本のパラリンピアンである*WORLD-AC*の松永仁志氏より指導を受け、翌年二〇一八年に松永氏をカンボジアへ招へいし、カンボジア車いす陸上コーチ及び選手達に指導会を行った。

・二〇一四年度から*JICA*短期派遣ボランティアとして、筑波大学などからの受け入れも積極的に行っている。

・カウンターパートとして、最初は*CDAF*と組み、二〇一五年度頃からはカンボジアパラリンピック委員会（*NPCC*）と協力して障がい者スポーツ振興を進めている。

　家に閉じこもっていた障がい者達が、スポーツを始めたことにより、仲間ができ、自信を持ち、自ら社会に出ていくようになった姿を見ることは、大きな喜びとなっている。

　これからも、障がい者の笑顔と生きる力に励まされて、活動を続けていきたい。

# NCCC事業
## —*New Child Care Center*—

田代邦子 *TASHIRO Kuniko*
ハート・オブ・ゴールド　副代表理事　事務局長

村上貴美子 *MURAKAMI Kimiko*
ハート・オブ・ゴールドシェムリアップ支所　支所長
シニア・アドバイザー

二〇〇一年バッタンバンで始まった子どもの保護・養育を行うChild Care Center（CCC）事業※1は、二〇〇三年にシェムリアップに移り、二〇〇六年から男子棟、続いて女子棟を新築し、*NCCC*として新しくスタートをした。さらに、二〇一〇年に衛生管理棟、多目的ホール、食堂、管理棟を増築し、施設の形が整った。スタッフもビー・タイリー（二〇一二〜、男性）とチュート・スライノッチ（二〇一四〜、女性）が、研修を重ね、児童指導員として子ども達の養育と管理業務にあたり、調理や生活指導を担当するイム・ピセイの三名が主となり、二十四時間体制で施設の運営を行っている。

二〇一八年、施設も築一〇年が過ぎ、安全性、利便性を高めるため大きな修復工事を行った。

二〇二〇年の新型コロナウイルス感染症拡大下では、学校の授業のオンライン化に対応し、*NCCC*施設内も光ファイバーを敷設、インターネット環境の整備を行った。

現在養護施設としての社会福祉省への正式な登録手続きも進めている。

*NCCC*は、ハート・ペアレント※2の方々の支援によって、「育む」活動を実現でき、子ども達は、自分の成長を見守ってくれる

ペアレントさんの愛を感じながら、安心した生活を送ることができている。また、この数年では、日本語を学び、留学をした子どもが三名いる。今後も夢を見つけ、貧困から抜け出し自立に向けてひたむきに努力をする子ども達を支えていきたい。

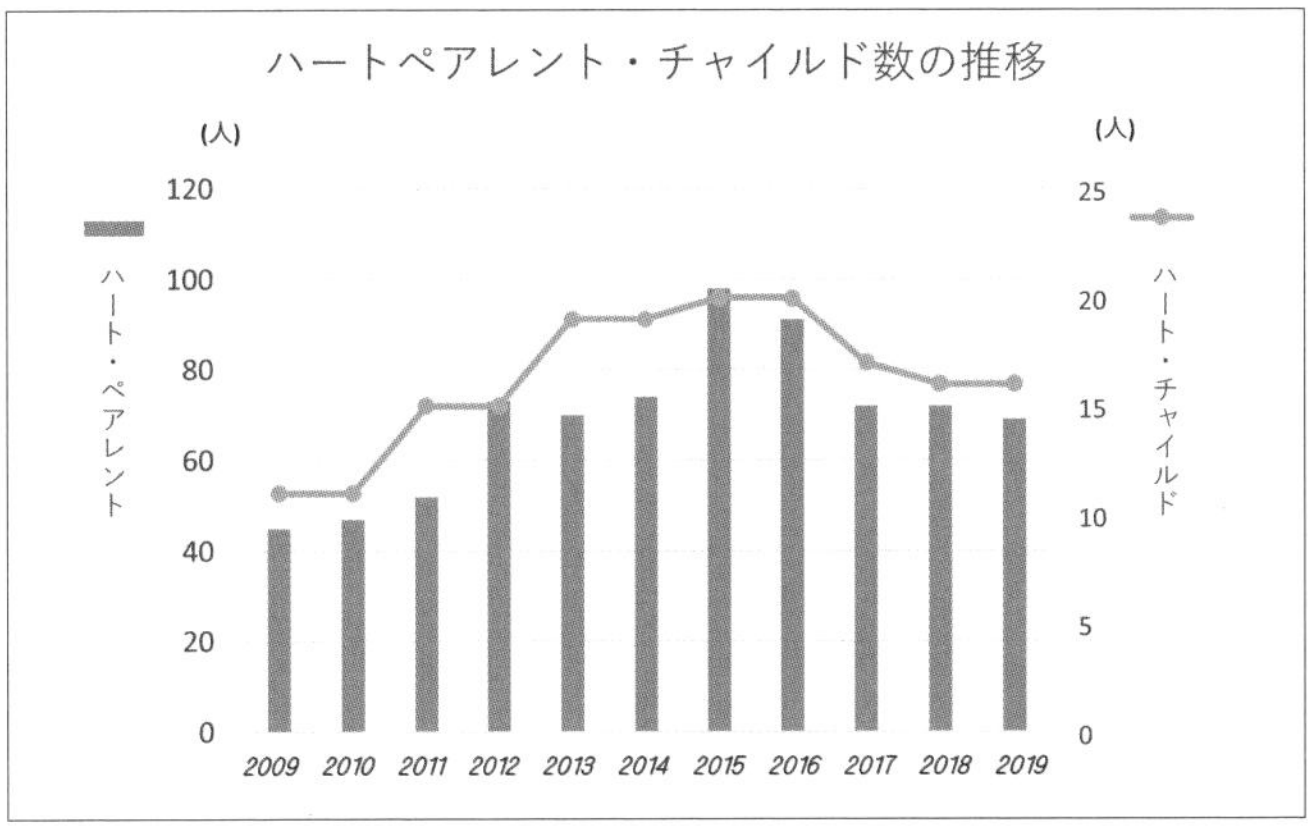


**子どもの進路及び退所理由（二〇〇九―二〇二〇）**

一、中学、高校卒業後の退所
就職　五
職業訓練校　二
結婚　一
日本への語学留学後、就職　二

二、養育途中の退所
家庭復帰　七
親戚の家　一

※1　現地団体「NPOるしなこみゅにけーしょんやぽねしあ」に協力して開始。二〇一〇年当該団体が事業撤退した後は、ハート・オブ・ゴールドが運営主体となる。

※2　ハート・ペアレント（心の里親）制度：月三千五百円の支援（一年毎の契約更新）。ハート・チャイルドと交流しながら、里子の生活や教育、自立をサポートする。年三回現地の様子を届ける。

西日本豪雨時によせられたレター

# 日本語教育事業

村上貴美子　*MURAKAMI Kimiko*
ハート・オブ・ゴールドシェムリアップ支所　支所長
シニア・アドバイザー

井上恭子　*INOUE Kyoko*
ハート・オブ・ゴールド　事業・広報部長

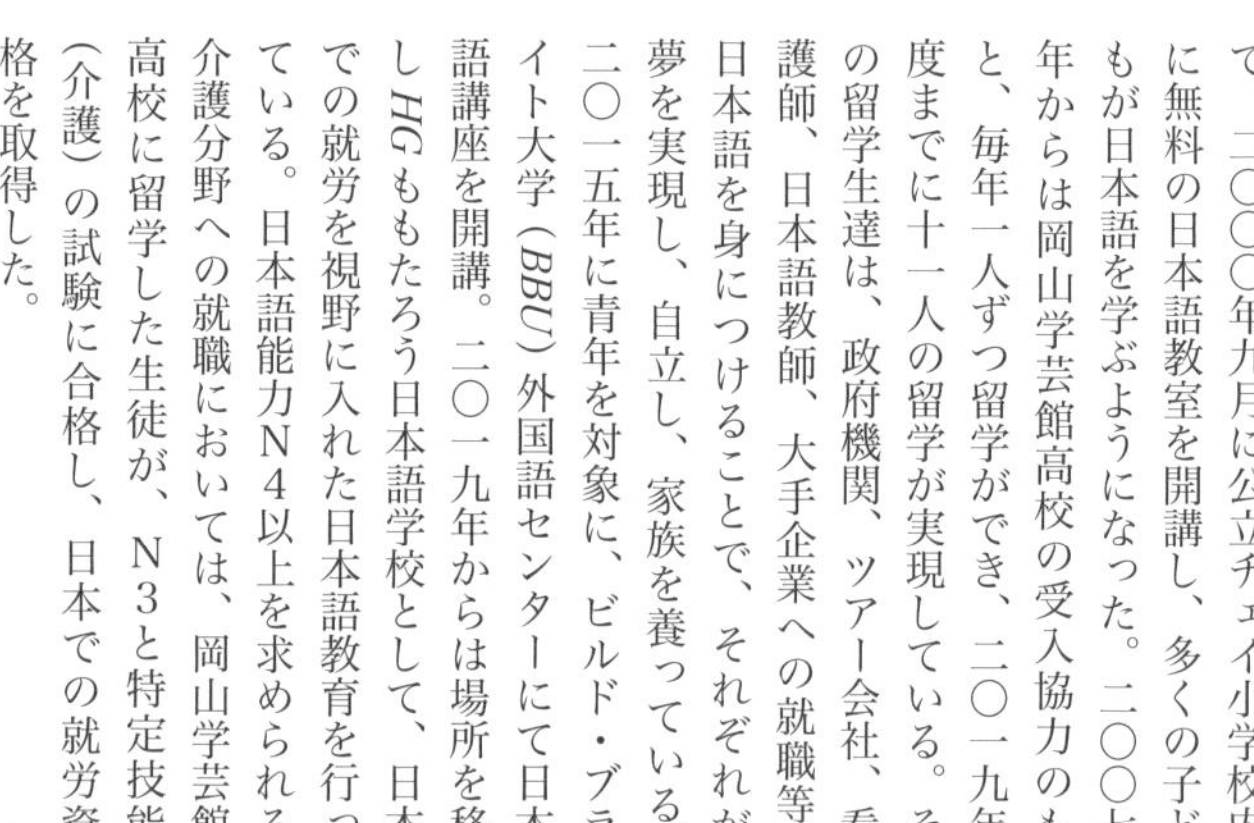

日本語を教えてほしいという求めに応じて、二〇〇〇年九月に公立チェイ小学校内に無料の日本語教室を開講し、多くの子どもが日本語を学ぶようになった。二〇〇七年からは岡山学芸館高校の受入協力のもと、毎年一人ずつ留学ができ、二〇一九年度までに十一人の留学が実現している。その留学生達は、政府機関、ツアー会社、看護師、日本語教師、大手企業への就職等、日本語を身につけることで、それぞれが夢を実現し、自立し、家族を養っている。二〇一五年に青年を対象に、ビルド・ブライト大学（*BBU*）外国語センターにて日本語講座を開講。二〇一九年からは場所を移し*HG*もたろう日本語学校として、日本での就労を視野に入れた日本語教育を行っている。日本語能力N４以上を求められる介護分野への就職においては、岡山学芸館高校に留学した生徒が、N３と特定技能（介護）の試験に合格し、日本での就労資格を取得した。

## 教えられる人から、教える人に

日本語の指導は、小学校から*HG*日本語教室で学んだ二名が、今は教える側となり*HG*もたろう日本語学校の教員として活躍している。カンボジアの復興が、直接カンボジア人により行われるようになったことの証である。

日本語能力試験合格実績：　N２　六名
　　　　　　　　　　　　N３　六名

その他の活動

# 日本国内被災地支援事業

## —協力団体とともに—

志澤公一　*SHIZAWA Koichi*

ハート・オブ・ゴールド　理事

日本警察消防スポーツ連盟　事務局長

二〇一一年三月十一日、東日本大震災が発生。日本のみならず、世界中が未曽有の災害の信じ難い映像に言葉を失った。「何かできることは?」と多くの人が被災地支援を始めるなか、ハート・オブ・ゴールド(HG)も日本警察消防スポーツ連盟(JPFSF)[※1]との協働活動を開始した。HGのネットワークで水などの緊急支援物資を調達。流通が途絶えた状況下で機動力のあるJPFSFが輸送を担当し、その時々に必要なものを必要としている人達に直接届けることができた。同時に、被災地域の会員、関係者の安否確認も行った。その後も、現地で捜索活動にあたるJPFSF、避難所となった石巻クラブの小学校の先生、被災地支援を行う他団体等からの要請を受け、現場と話し合い支援を続けた。特に、子ども達を元気にするため「三・一一子ども*animo*プロジェクト[※2]」として、有森代表とHG石巻クラブ・福島クラブ、スタッフ、専門家、ボランティアが六年間、現地で活動をし続けた。二〇一七年一月野蒜小学校が宮野森小学校として統合・新築を機に、支援活動を終了した。

熊本地震(二〇一六)、平成三十年七月豪雨(二〇一八、西日本豪雨)、北海道胆振東部地震(二〇一八)、台風十五号・十九号(二〇一九)、令和二年七月豪雨(二〇二〇)においても、JPFSFと連携し、HGとして「緊急救援」を行った。

※1　日本警察消防スポーツ連盟:現役の警察官と消防士、公安職、その退職者からなる。災害時には緊急に現場に入り、一般人にはできない高い専門性を持つボランティアとして活動を行う。

※2　三・一一子ども*animo*プロジェクト:緊急物資支援、専門家派遣、避難所及び学校支援、サマーキャンプ、太陽光街路灯設置(八十八基、日本国際協力財団と協働)等の活動を実施。



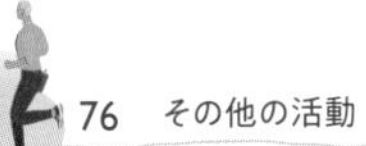

# 国際理解教育

## ―心を育む教育―

**田代邦子** *TASHIRO Kuniko*
ハート・オブ・ゴールド　副代表理事　事務局長

ハート・オブ・ゴールド（*HG*）は被災地や途上国の子ども達が、自分達の抱える問題を自らの力で解決できるようになり、自立していくことを目指して活動を行っている。

また、日本の子ども達にも持続可能な社会の実現※のための学びが大切になっている。*HG*は設立当時から、小学校から大学まで、総合的な学習、生徒会、保護者会、ゼミやサークルなどと連携して、実践をとおした国際理解・協力活動を進めてきた。①世界を知る、②行動する、③振り返る。中には、現地とのオンライン活動を取りいれながら、アクティブラーニングを実践してきた学校もある。大学は実際にカンボジアでのフィールドワークを行う学校も多い。

活動を行った子ども達の感想からは、多くの学びが見てとれる。自分が恵まれた幸せな環境にあり、自分達でもできる事がたくさんあることを知り、社会を知ることは面白く、自分の身近な生活を変えていこうと活動を始めた。知らないふりをすることや、できる事をしないことはおかしい。海の向こうの人と心を通わせることができ、支え合って生きていくことは楽しく豊かな事で、多くの人を巻き込めば大きな力にできることがわかった。貧困、環境、食糧、人権、平和などは、それぞれつながった関係にある事を認識した。

子ども達の「見えないものを見る眼」「聞こえない声を聞く耳」が、この実践によって育っていくとわかったことが何よりも意味深い。

※ *SDGs*：現在世界におこっている社会問題を解決し、よりよい未来を迎えるために、国連で二〇三〇年に向けた国際目標「*SDGs*（持続可能な開発目標）」が採択された。

# ハート・オブ・ゴールドとともに

志澤公一　*SHIZAWA Koichi*
ハート・オブ・ゴールド　理事
日本警察消防スポーツ連盟　事務局長

日本国内には、ハート・オブ・ゴールドの本部事務局を中心に、全国各地にサポーターチームがあり、それぞれが特徴のある活動をとおして、支援の輪を広げている。

*HG* 飯田クラブ　酒井誉／羽場一雄
*HG* 石巻クラブ　木村明子
*HG* 長岡クラブ　清水幸史
*HG* 愛媛クラブ　宮内正俊
*HG* 福島クラブ　本田直／今野金哉
アニモの会　松田久
高野山真言宗南真会　松井大圓／竹井成範
吹田中の島ランナーズ　松村政子／伊藤健一
*TAO* 東洋医学研究会歯科ボランティア　久保茂正
*HG* 西日本ボランティア支部　島尾百合子
*HG* 東日本ボランティア支部　志澤公一

（敬称略）

# ランナーズエイド／国内イベント

井上恭子　*INOUE Kyoko*
ハート・オブ・ゴールド　事業・広報部長

ハート・オブ・ゴールド（*HG*）がいただいている支援の特徴の一つとして、ランナーズエイド※が挙げられる。日本国内の大規模な市民マラソンや地域のアットホームな大会が、*HG* へのチャリティーを掲げ、応援してくれている。規模も、走る距離も違う。支援も、大会からの寄付、参加者の課金によるもの、募金など様々で、十年を超える継続支援もある。また、各大会には *HG* ブースを設けていただき、有森代表、スタッフや会員、ボランティアが参集し、*HG* の活動を広く知ってもらう機会となっている。

国内イベントは、会員の方々の自主的な活動として行われている。二〇〇六年に始まったチャリティー・ディナー（実行委員長、野嶋靖夫氏）は、毎回百名を超える参加者を迎え、チャリティー・オークションとあわせてミニライブなども行われ、十年継続していただいた。

それぞれのイベントは、主催される方とそれを支えるボランティアの方々の熱量とひたむきな労力によって実現し、その先に *HG* の活動がある。「できる人が、できることを、できるかぎり」に支えられていることを改めて強く感じる。

※　主な大会：かすみがうらマラソン、淀川国際ハーフマラソン、ヒロシマ *MIKAN* マラソン、みしま西山連峰登山マラソン、親子チャリティーマラソン *in* おもちゃ王国、篠山 *ABC* マラソン、吹田中の島チャリティー・ラン、ほか（順不同）

# 会員・理事・顧問・スタッフ動向

有森玄治　*ARIMORI Genji*
ハート・オブ・ゴールド　参与

**個人・法人会員数**（2010年~2020年）

| 年　度 | 会員数 | 個　人 | 法　人 |
|---|---|---|---|
| 2010 | 483 | 461 | 22 |
| 2011 | 473 | 448 | 25 |
| 2012 | 576 | 544 | 32 |
| 2013 | 579 | 545 | 34 |
| 2014 | 575 | 544 | 31 |
| 2015 | 622 | 587 | 35 |
| 2016 | 656 | 626 | 30 |
| 2017 | 616 | 586 | 30 |
| 2018 | 519 | 484 | 35 |
| 2019 | 606 | 569 | 37 |
| 2020 | 521 | 479 | 42 |

**役員**（理事）**名簿**（2010年~2020年）

| 年 | 代表理事 | 副代表理事 | 理　事 |
|---|---|---|---|
| 2010 | 有森裕子 | ローレン・モラー | 萩原　隆、君原健二、高石ともや、中島　博、片山浩子、田中浩一、志澤公一、大谷宏明、羽場仁志、山口　拓、田代邦子、一家明成、坂崎眞由美 |
| 2011 | 有森裕子 | ローレン・モラー | 君原健二、高石ともや、中島　博、片山浩子、田中浩一、前芝辰二、志澤公一、大谷宏明、羽場仁志、山口　拓、田代邦子、一家明成、坂崎眞由美、川口稜示 |
| 2012 | 有森裕子 | ローレン・モラー | 君原健二、高石ともや、中島　博、片山浩子、田中浩一、前芝辰二、志澤公一、大谷宏明、羽場仁志、山口　拓、田代邦子、一家明成、坂崎眞由美、川口稜示 |
| 2013 | 有森裕子 | ローレン・モラー | 田代邦子、君原健二、高石ともや、中島　博、片山浩子、田中浩一、志澤公一、山口　拓、羽場仁志、一家明成、坂崎眞由美、前芝辰二、川口稜示、西山直樹 |
| 2014 | 有森裕子 | ローレン・モラー | 田代邦子、君原健二、高石ともや、中島　博、片山浩子、田中浩一、志澤公一、山口　拓、羽場仁志、一家明成、坂崎眞由美、前芝辰二、川口稜示、西山直樹 |
| 2015 | 有森裕子 | 田代邦子 | 君原健二、高石ともや、中島　博、片山浩子、田中浩一、志澤公一、羽場仁志、一家明成、坂崎眞由美、前芝辰二 |
| 2016 | 有森裕子 | 田代邦子 | 君原健二、高石ともや、中島　博、片山浩子、田中浩一、志澤公一、羽場仁志、一家明成、坂崎眞由美、前芝辰二 |
| 2017 | 有森裕子 | 田代邦子 | 君原健二、高石ともや、中島　博、片山浩子、田中浩一、志澤公一、羽場仁志、一家明成、坂崎眞由美、前芝辰二 |
| 2018 | 有森裕子 | 田代邦子 | 君原健二、高石ともや、中島　博、片山浩子、田中浩一、志澤公一、羽場仁志、一家明成、坂崎眞由美、前芝辰二 |
| 2019 | 有森裕子 | 田代邦子 | 君原健二、高石ともや、中島　博、片山浩子、田中浩一、志澤公一、羽場仁志、前芝辰二、西山直樹 |
| 2020 | 有森裕子 | 田代邦子 | 君原健二、高石ともや、中島　博、片山浩子、田中浩一、志澤公一、羽場仁志、前芝辰二、西山直樹 |

**スタッフ名簿**（常勤、パート、インターン含む（2010~2020））

| 年 | 本部事務局 |
|---|---|
| 2010 | 田代邦子、本山光男、井上恭子、有森玄治、小野田洋子、菱川素代、井口恵子、山口紗世 |
| 2011 | 田代邦子、本山光男、井上恭子、有森玄治、小野田洋子、菱川素代、井口恵子、山口紗世 |
| 2012 | 田代邦子、本山光男、井上恭子、有森玄治、小野田洋子、井口恵子、佐藤昌子 |
| 2013 | 田代邦子、本山光男、井上恭子、有森玄治、小野田洋子、神田真紀子、井口恵子、佐藤昌子、周　昉 |
| 2014 | 田代邦子、本山光男、井上恭子、有森玄治、小野田洋子、近藤治幸、井口恵子、周　昉、有森　円 |
| 2015 | 田代邦子、本山光男、井上恭子、有森玄治、小野田洋子、井口恵子、有森　円、正岡睦美、西山昌江 |
| 2016 | 田代邦子、本山光男、井上恭子、有森玄治、小野田洋子、井口恵子、正岡睦美、新井君子、西山昌江 |
| 2017 | 田代邦子、本山光男、井上恭子、有森玄治、小野田洋子、井口恵子、正岡睦美、新井君子、山本雅之、石原綾美 |
| 2018 | 田代邦子、本山光男、正岡睦美、有森玄治、井上恭子、小野田洋子、井口恵子、山本雅之、石原綾美、片岡茂夫 |
| 2019 | 田代邦子、本山光男、有森玄治、井上恭子、小野田洋子、井口恵子、山本雅之、金原美佳、片岡茂夫 |
| 2020 | 田代邦子、有森玄治、井上恭子、小野田洋子、井口恵子、金原美佳、片岡茂夫、平井利恵 |

| 年 | 東南アジア事務所（プノンペン事務所） |
|---|---|
| 2010 | 山口　拓、柳田信一、中島美穂、土屋智美、西原麻里緒、森　祐子、ソチェトラ、サムアン、マラバン、バンタ、ベスナ |
| 2011 | 山口　拓、土屋智美、森　祐子、中田修平、ソチェトラ、サムアン、マラバン、バンタ、ベスナ |
| 2012 | 山口　拓、西山直樹、土屋智美、渡邊大地、上田裕子、藤丸洋平、ソチェトラ、ケチャ、サラット |
| 2013 | 西山直樹、大澤一夫、土屋智美、渡邊大地、上田裕子、藤丸洋平、ソチェトラ、ソピア、ダラミー、サラット |
| 2014 | 西山直樹、大澤一夫、木下綾乃、ソチェトラ、ソピア、ダラミー、サラット、マリアン |
| 2015 | 西山直樹、大澤一夫、手束耕治、米山遥香、ソチェトラ、ソピア、ダラミー、サラット、ソクナ |
| 2016 | 西山直樹、手束耕治、米山遥香、大河内瑞穂、木原夏樹、ソチェトラ、ヴィンダー、カニャー、デアラック、ペアクトラ、レアクスマイ |
| 2017 | 西山直樹、手束耕治、米山遥香、ソチェトラ、ヴィンダー、デアラック、ペアクトラ |
| 2018 | 西山直樹、手束耕治、米山遥香、酒井健吉、ソチェトラ、ヴィンダー、デアラック、スライリン、ダラリット、マオ |
| 2019 | 西山直樹、手束耕治、米山遥香、吉田琴美、ソチェトラ、ヴィンダー、スライリン、ダラリット、スロス、サオ、ダリス、シウレン |
| 2020 | 西山直樹、手束耕治、米山遥香、吉田琴美、ソチェトラ、ヴィンダー、スライリン、ダリス、シウレン |

| 年 | 東南アジア事務所（シェムリアップ支所） |
|---|---|
| 2010 | 大隅雄一郎、サレッ、ソサウリー、檜尾睦美、チョンパー |
| 2011 | 檜尾睦美、タイリー、サレッ、スライマウ、ソコンティア、チョンパー |
| 2012 | 磯邉千春、タイリー、ソコンティア、檜尾睦美、チョンパー、ワンニダー |
| 2013 | 磯邉千春、タイリー、サヴェーン、檜尾睦美、チョンパー |
| 2014 | 磯邉千春、タイリー、スライノッチ、サヴェーン、檜尾睦美、チョンパー |
| 2015 | 磯邉千春、タイリー、スライノッチ、サヴェーン、ソコンティア、檜尾睦美、チョンパー |
| 2016 | 大澤一夫、タイリー、スライノッチ、ソコンティア、松野泰司、渡邊　格、ナムオイ、ソティアラー |
| 2017 | 高島公美、藤　はな、タイリー、スライノッチ、ソコンティア、渡邊　格、ナムオイ、ソティアラー |
| 2018 | 村上貴美子、タイリー、スライノッチ、マリー、ピセイ、渡邊　格、ナムオイ、ソティアラー、ソチア |
| 2019 | 村上貴美子、タイリー、スライノッチ、ピセイ、渡邊　格、ナムオイ、ソティアラー、ソチア |
| 2020 | 村上貴美子、タイリー、スライノッチ、ピセイ、ナムオイ、ソティアラー、ソチア |

# むすび

田代邦子　*TASHIRO Kuniko*
ハート・オブ・ゴールド　副代表理事　事務局長

一九九七年三月に、第一回アンコールワット国際ハーフマラソン（*AWHM*）の写真展＆有森裕子トークショー「カンボジアエイド」の開催を岡山で引き受けて、その年の十二月には、第二回*AWHM*に参加するためカンボジアの地を踏んでいた。そして、有森代表を中心に*NGO*ハート・オブ・ゴールド（*HG*）の立ち上げに加わり、平成十年十月十日大阪で*HG*設立総会に、結城氏の言われるままに事務局も引き受けていた。

その後、二十数年間有森代表の諦めない粘り強さと、素晴らしい仲間に恵まれて、できると信じて進むことが心地よく、ひたすら前に進んだ。弱小*NGO*／*NPO*は、経験・資金・人材どれもないないづくしでしたが、やりたい社会的課題―スポーツを通した国際協力を、子ども達の自立支援を―が決まっていたので、楽しく過ごすことができた。

不思議なことに、難問や課題が出てきても、それを助ける人が現れて、解決でき、人の善意に何度も出会い、心の金メダル＝ハート・オブ・ゴールドを輝かせている方々に出会えた。

世界は不平等で矛盾に満ちている。権力、富、数字、規則が大切なものと思いがちであるが、それをこえる人を豊かにするものが存在する。*NPO*／*NGO*の活動は、これからの持続可能な社会を作っていくためには、何が大切なのかを考えて、少しずつこの世界を変えていく仕事だ。まさに、カンボジアが体育科教育を通して復興する姿を見ることができ、またチャンスがない子ども達が、チャンスを与えられ、力強く起き上がり、自立していく姿を見ることができた。*NPO*／*NGO*の世界に軸足を置いている人々が出会える最高の景色である。

二十年前から比べると、「スポーツを通じた国際協力」が多くの人々に広がっていく様は、隔世の感がある。一つの活動に多くの人々が関わっていて、そして参加した人同士がお互いに高め合う。また、携わった働きを通して、自分自身の存在価値を見出し、大きく能力が開花していく奇跡があった。ここに*HG*二十年のスポーツを通した活動をご紹介し、汗をかいた人々の声を皆様にお届けしたい。表に現れなかったそれでいて、その人がいなければ成し得なかった事も残したかった。*HG*は山口拓氏（初代東南アジア事務所長）と西山直樹氏（二代目東南アジア事務所長）という二人の若者によって大きく発展し、彼ら自身もまた、大きく成熟した。他のそれぞれのレポートから、きっといろいろなことを感じていただけると思う。

これからも地球温暖化や格差、未知のウイルスなど、襲いかかってくることだろう。人々が、手をつなぎ合って共に立ち向かわなければ、平和は守れないかもしれない。皆で助け合い、知恵を出し合えば、乗り越えられると信じている。

*HG*はこれまでの経験を生かして「健やかな体と、豊かな心」を育むために次の活動に進んでいき、今後とも多くの方々の参加をいただいて、共に歩んで行けますように。

# 編集後記

西山直樹　*NISHIYAMA Naoki*
ハート・オブ・ゴールド　理事
ハート・オブ・ゴールド東南アジア事務所　所長

二〇一二年にハート・オブ・ゴールド（*HG*）への入職が決まった際、*HG*という*NGO*に一つの大きな希望を抱いていた。「国の政策レベルまで影響を及ぼすスポーツ*NGO*」。*HG*はすでに教育・青年・スポーツ省と協働で成果を挙げており、私が赴任した時には、とても強固な信頼関係が築かれていた。これは、有森代表を始め、田代事務局長、初代東南アジア事務所長の山口氏、今まで当会の活動に参加してくださった方々が築いてきてくれた大きな財産であった。

一度信頼関係が築けていると、事業や活動を展開するのに時間はかからなかった。今まで継続して当会の事業を支えてくれている*JICA*と継続的に事業を続け、日本でのオリンピック招致をきっかけに始まった「スポーツ・フォー・トゥモロー」事業により中学校体育への展開が始まり、外務省の*NGO*連携無償資金協力にて、カンボジア初の四年制体育大学設立のプロジェクトも進められる等、あっという間に八年が過ぎた。あっという間とはいいながらもその間、常に専門的視点でポジティブなアドバイスをしてくださった日本体育大学の岡出美則教授、カンボジア教育省との人間関係を粛々と築き上げてくれていた当会のカンボジアスタッフ、特にケオ・ソチェトラ氏には心より敬意を表したい。また、私達の活動を信じ続けてくれた教育・青年・スポーツ省のハン・チュオンナロン大臣、ソー・ソカー事務次官、ブー・チュムスレイ事務次官補、ソック・サバイナ事務次官補、オーク・セティチェットスポーツ総局長、プラム・ブンジー教育省アドバイザー他今までのリーダー達には、心よりお礼を申し上げたい。

田代事務局長から二十周年記念誌を体育科教育事業中心の記念誌にしたいと話をもらい、できる限り現場の声を届けたいと思った。各記事を仕上げるため関係者にインタビューをする中で、だれの口からも自分達にできる限り体育を普及していきたいというような話が聞けたことを大変誇りに思う。今までのカンボジアの簡易体操をするという体育から、体育が「知識・技能・態度」を育むものとして認識が変わってきていることが実感できた。「カンボジア体育の自立」とは何なのかを考える機会があるが、*HG*が完全に委譲してカンボジア側のみの予算、人材、施設、システム等で進めていくのではなく、これからも協働できることを一緒に進めていくことで、*HG*が日本とカンボジアの、そして他のアセアン諸国との懸け橋となり、持続可能な開発を進めることができると信じている。

体育科教育支援事業同様、本二十周年記念誌もいろいろな人に支えられて完成することができた。執筆・編集をいつもリードしてくださった田代事務局長、編集・構成を支えてくださった井上恭子氏、米山遥香氏、インタビューに協力してくださった関係者の皆さま、そして当会の活動をいつも応援してくださっている皆さまに改めてお礼を申し上げたい。*HG*はこれから三十年、四十年に向けて活動を進めていくが、これからもカンボジアの人達と「共に育つ」ことを大切に、活動を続けていきたい。

**執筆者リスト**（執筆順）

| 名 | 前 | 所　属 | ページ |
|---|---|---|---|
| 有 森 裕 子 | ARIMORI Yuko | HG 代表理事 | P1, 15 |
| オク・セティチエット | OUK Sethycheat | 教育・青年・スポーツ省 スポーツ総局 局長 | P3 |
| 小 川 郷太郎 | OGAWA Gotaro | アスジャ・インターナショナル日本国理事<br>HG 名誉顧問<br>（元）在カンボジア日本国大使 | P5 |
| 結 城 肇 | YUKI Hajime | （元）日本国際ロードランナーズクラブ（JIRRC）代表 | P7 |
| 谷 達 也 | TANI Tatsuya | 産経新聞社サンケイスポーツ | P9 |
| プラム・ブンジー | PRUM Bunyi | 教育・青年・スポーツ省 アドバイザー | P11, 19 |
| 山 口 拓 | YAMAGUCHI Taku | HG 東南アジア事務所 初代所長<br>筑波大学 体育系 助教 | P13, 21 |
| 田 代 邦 子 | TASHIRO Kuniko | HG 副代表理事 事務局長 | P17, 73, 77, 81 |
| 岡 出 美 則 | OKADE Yoshinori | 日本体育大学 スポーツ文化学部 教授 | P23, 67 |
| ドク・キリロァット | DOK Kirirath | 教育・青年・スポーツ省 学校体育・スポーツ局 副局長 | P25 |
| オン・ソタリー | OUN Sothary | スヴァイリエン州プレアシアヌーク小学校 教頭 | P27 |
| 井 上 恭 子 | INOUE Kyoko | HG 事業・広報部長 | P29, 75, 78 |
| 小 川 泰 永 | OGAWA Yasunaga | 岡山市立五城小学校 校長 | P31 |
| 原 祐 一 | HARA Yuichi | 岡山大学大学院 教育学研究科 講師 | P33 |
| 板 倉 真由美 | ITAKURA Mayumi | 岡山市立芳泉小学校 教頭 | P35 |
| 中 村 英 誉 | NAKAMURA Hidetaka | 一般社団法人 Social Compass 代表 | P38 |
| 西 山 直 樹 | NISHIYAMA Naoki | HG 理事<br>HG 東南アジア事務所 所長 | P39, 43, 53, 64, 67, 82 |
| 溝 江 恵 子 | MIZOE Keiko | JICA 経済開発部 農業・農村開発第一グループ 課長 | P41 |
| 河 原 工 | KAWAHARA Takumi | 日本スポーツ振興センター<br>SFT コンソーシアム事務局 ディレクター | P42 |
| ケオ・ソチェトラ | KEO Sochetra | HG 東南アジア事務所 サブ・プロジェクトマネージャー | P45, 59 |
| プレアップ・ブッティーラー | PREAP Vutheara | 国立体育・スポーツ研究所<br>スポーツ科学リサーチセンター センター長 | P47 |
| 吉 田 清 史 | YOSHIDA Kiyofumi | JICA カンボジア事務所 企画調査員 | P48 |
| カン・サバン | KONG Saban | スヴァイリエン州バサック中学校 校長 | P49 |
| リッチ・ソブントゥーン | REACH Sobuntheoung | スヴァイリエン州バサック中学校 体育教員 | P50 |
| マン・ヴィボル | MANG Vibol | 教育・青年・スポーツ省 学校体育・スポーツ局 副局長 | P51 |
| 坂 本 晃 一 | SAKAMOTO Koichi | 在カンボジア日本国大使館 二等書記官 | P55 |
| 手 束 耕 治 | TEZUKA Koji | HG 東南アジア事務所 副所長 | P57 |
| ソー・サミー | SO Samy | HG 東南アジア事務所 建設エンジニア | P61 |
| ペック・コンキア | PECH Kongkea | 教育・青年・スポーツ省 国立体育・スポーツ研究所 教員 | P63 |
| フー・シティソピーライ | HOU Sitthisophealai | 教育・青年・スポーツ省 国立体育・スポーツ研究所 局長 | P65 |
| 米 山 遥 香 | YONEYAMA Haruka | HG 東南アジア事務所 プロジェクト・オフィサー | P71 |
| 村 上 貴美子 | MURAKAMI Kimiko | HG シェムリアップ支所 支所長 シニア・アドバイザー | P73, 75 |
| 志 澤 公 一 | SHIZAWA Koichi | HG 理事<br>日本警察消防スポーツ連盟 事務局長 | P76, 78 |
| 有 森 玄 治 | ARIMORI Genji | HG 参与 | |